guia prático do português correto vol. 3

para gostar de aprender

SINTAXE

- **CRASE**
- **REGÊNCIA**
- **CONCORDÂNCIA**
- **COLOCAÇÃO DO PRONOME**

Livros do autor publicados pela **L&PM** EDITORES:

100 lições para viver melhor – histórias da Grécia Antiga
A guerra de Troia – uma saga de heróis e deuses
Guia prático do Português correto – vol. 1 – Ortografia
Guia prático do Português correto – vol. 2 – Morfologia
Guia prático do Português correto – vol. 3 – Sintaxe
Guia prático do Português correto – vol. 4 – Pontuação
*Noites gregas – histórias, mitos e encantos do Mundo
    Antigo*
O prazer das palavras – vol. 1
O prazer das palavras – vol. 2
O prazer das palavras – vol. 3
Um rio que vem da Grécia – crônicas do Mundo Antigo

CLÁUDIO MORENO

guia prático do português correto vol. 3

para gostar de aprender

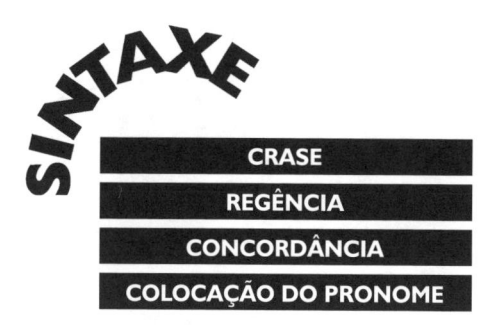

SINTAXE

- **CRASE**
- **REGÊNCIA**
- **CONCORDÂNCIA**
- **COLOCAÇÃO DO PRONOME**

www.lpm.com.br

L&PM POCKET

Coleção **L&PM** POCKET, vol. 471

Texto de acordo com a nova ortografia.

Primeira edição na Coleção **L&PM** POCKET: outubro de 2005
Esta reimpressão: agosto de 2019

Projeto gráfico e capa: Ana Cláudia Gruszynski
Revisão: Jó Saldanha, Renato Deitos e Elisângela Rosa dos Santos
Revisão final: Cláudio Moreno

ISBN 978.85.254.1500-4

M843g	Moreno, Cláudio
	Guia prático do Português correto, volume 3: sintaxe / Cláudio Moreno. – Porto Alegre: L&PM, 2019.
	272 p. ; 18 cm. -- (Coleção L&PM POCKET, v. 471)
	1.Português-sintaxe. I.Título. II.Série.
	CDU 801.3=690(035)

Catalogação elaborada por Izabel A. Merlo, CRB 10/329.

© Cláudio Moreno, 2005
e-mail do autor: cmoreno.br@gmail.com

Todos os direitos desta edição reservados a L&PM Editores
Rua Comendador Coruja, 314, loja 9 – Floresta – 90.220-180
Porto Alegre – RS – Brasil / Fone: 51.3225.5777

Pedidos & Depto. Comercial: vendas@lpm.com.br
Fale conosco: info@lpm.com.br
www.lpm.com.br

Impresso no Brasil
Inverno de 2019

À memória de Joaquim Moreno, meu pai,

e de Celso Pedro Luft, mestre e amigo.

Sumário

Apresentação 15

1. Funções sintáticas 19
classe não é função 21
viver é verbo de ligação? 22
sujeito oculto? 24
Nomenclatura Gramatical Brasileira 25
sujeito oracional 27
sujeito do **Ouviram do Ipiranga** 29
fui eu quem fez? 30
a hora da onça beber água 31
adjunto adnominal x predicativo 34
adjunto adnominal x complemento nominal 36
complemento nominal? 38
complemento adverbial? 39
Curtas 41
verbos e nomes transitivos 41
complemento nominal 42
sujeito elíptico 43
sujeito indeterminado 43
sujeito oculto ou simples? 43
eram seis galinhas 44
objetos diretos preposicionados 44

2. Sintaxe dos pronomes pessoais 47
colocação do pronome 51
a colocação "brasileira" do pronome 52
mesóclise? 55
pronome solto entre dois verbos 58
mesmo 61
o **eu** pode vir primeiro? 63

emprego do **lhe**..64
o **lhe** é só para humanos?................................66
o ou **lhe** 67
para **mim** comprar...69

Curtas 72
em memória de mim 72
convidamos-lhes..72
ambiguidade no pronome oblíquo............................73
casar, casar-se 73
nesta 74
cabe a **mim** tomar..74
mo, **lho** 75
pronomes adjetivos e substantivos...........................75

3. Regência verbal 77
doa **a** quem doer 79
pisar **na** grama..80
preposições juntas...81
preposições nos sobrenomes..................................84
suicidar-se 85
onde e **aonde** 87
implicar 91
chegar em? 92
assistir 93
alguém que **lhe queira** 94
atender 95
dignar-se de 95

Curtas 96
produzido **com** plástico 96
constar em 97
obedecer-lhe 97
proceder a 98
dentre? 98
parabenizá-lo?...99

duplo objeto indireto	99
gostar que	100
agradeço **a** Deus	100
deparar é pronominal?	101
através de	101
domiciliado **à** rua	102
morar **na** rua	103
servir **ao** Senhor	103
transitivos diretos com preposição?	104
reclamar	105
indagar	105
4. Crase	107
4.1 O uso do artigo	110
Bahia e Recife	110
se **vou a** e **volto da**	111
do ou **de** Paulo?	112
em França?	114
artigo antes de relativos	115
Curtas	116
leve **o** quanto puder	116
todo x **todo o** (na fala)	117
Cubatão tem artigo?	117
Secretaria **da** ou **de** Saúde?	118
artigo antes de possessivos	118
artigo antes das siglas	119
ao/a meu ver	119
de mamãe, **da** mamãe	120
4.2 A crase propriamente dita	121
à Maria, **a** Maria	121
devido a medicação	122
a crase da sogra	123
à vista	125
crase antes de **Terra**	126

àquele 127
crase com possessivos 129
crase e pronome de tratamento 131
crase e subentendimento 132
a crase precisa de um artigo! 133
das oito **às** doze 136
ensino à **distância** 137
Curtas 139
crase em data 139
baile **a fantasia** 139
a bordo 139
dada à? 140
a suas ordens, às suas ordens 140
sujeito a pagamento 140
a granel 141
voltar a São Paulo 141
a frio 142
crase antes de **sócio** 142
confusão na regra da crase 143
a jornalistas 144
sujeitos a revisão 144
desrespeitar às normas? 145
a todas 145
à parte interessada 145
a meia-voz 146
a laser 146
a crase depende do contexto 146
devido à variedade 147
à la carte 147
a la antiga 147
crase com **para**? 148
com destino **a** Sorocaba 148
com e sem acento de crase 149
a/à Marilda 149

forno **a lenha**	150
a partir	150
da primeira **à** quarta série	150
contas **a pagar**	151
crase antes de **mês?**	151
referente à	152
direito à vida	152
chegar a/à noite	152
frango **a passarinho**	153
a crase e o Espanhol	153
a 200 km	154

5. Concordância verbal 155

o deslocamento do sujeito	156
concordância com verbos impessoais	158
há de haver	162
haviam ocorrido	163
concordância com a voz passiva sintética	164
concordância do verbo **ser**	172
a gente somos?	175
o povo brasileiro somos	178
os Estados Unidos é?	179
mais sobre Estados Unidos	180
concordância com percentuais	182
fui eu quem começou	184
a maioria dos homens	185

Curtas 187

notifiquem-se os interessados	187
concordância com **a maioria**	187
é uma e meia	188
concordância do verbo **ter**	188
mais de um votou	189
fomos nós **quem fez**	189
é nestes momentos que	190

erro de concordância...190
quantos dias **tem** a semana 191
doam a quem **doerem** 191
aluga-se uma casa 191
que horas são? 192
o prazo é de 10 dias 192
Estados Unidos..193
faz trinta graus 194
concordância do infinitivo...194
leia-se Lula e Serra 194
eu **sou** você 195
os brasileiros que sabemos? 195
és **o** que governa..196
hão de ser corrigidos 196

6. Tratamento 199
lhe, te e **você** 199
tu x **você** 200
se liga 203
quem é **doutor**, afinal? 204
enfermeiro é **doutor**?..208
Vossa Meritíssima? 210

Curtas 211
quem é "excelência"?..211
favor **limpar** os pés antes de entrar 211
conta ou **conte** 212
tratamento para reitores...212
seu ou **teu** 213
tratamento para padre..213
faça um 21 213
pronomes com **Vossa Excelência** 214
tratamento adequado..214
vós 215
não faz, não faças 215
você 216

7. Concordância nominal 217
a cerveja que desce **redondo** 218
nacionalidade **brasileiro** ou **brasileira?** 220
seu(s) próprio(s) umbigo(s) 221
camisas **cinza** 222
anexo ou **em anexo?** 223
gênero, número e caso.......................................226
haja vista 227

Curtas 230
concordância com gêneros diferentes..................230
dado o, dada a 230
concordância com **finanças** 231
duzentas mil pessoas 231
federal, federais 231
próximo 232
três Pálios 232
por inteira? 233
concordância do possessivo.................................233
rente, rentes 233
numeral no feminino 234
flexão de **bastante** 234
água fica **mais cara** 235
mesmo, mesma 235
concordância do particípio....................................235
concordância do numeral.....................................236
preços **sujeitos a** alterações..............................236
concordância do adjetivo......................................237
quaisquer 237
concordância com pronome possessivo 237
concordância do particípio....................................238
em anexo 239
concordância com a pessoa 239
concordância errada...240

8. Problemas de construção 241
a persistirem os sintomas 241
dupla negativa..242
absolutamente é negativo? 245
e nem 246
se se 249
faz com que 250
muito provavelmente 253
qual a conjunção adequada? 255
muito pouco 256
embora 258
solução de continuidade 259
há cerca de 260

Curtas 261
há mais de dez anos..261
há dois anos 261
há mais ou menos 262
há tempos 262
a dois mil metros 262
há ou **a?**..263

Apresentação

Este livro é a narrativa de minha volta para casa – ou, ao menos, para essa casa especial que é a língua que falamos. Assim como, muito tempo depois, voltamos a visitar o lar em que passamos nossos primeiros anos – agora mais velhos e mais sábios –, trato de revisitar aquelas regras que aprendi quando pequeno, na escola, com todos aqueles detalhes que nem eu nem meus professores entendíamos muito bem.

Quando, há alguns anos, criei minha página no Portal Terra (www.sualingua.com.br), percebi, com surpresa, que os leitores que me escrevem continuam a ter as mesmas dúvidas e hesitações que eu tinha quando saí do colégio nos turbulentos anos 60. As perguntas que me fazem são as mesmas que eu fazia, quando ainda não tinha toda esta experiência e formação que acumulei ao longo de trinta anos, que me permitem enxergar bem mais claro o desenho da delicada tapeçaria que é a Língua Portuguesa. Por isso, quando respondo a um leitor, faço-o com prazer e entusiasmo, pois sinto que, no fundo, estou respondendo a mim mesmo, àquele jovem idealista e cheio de interrogações que resolveu dedicar sua vida ao estudo do idioma.

Por essa mesma razão, este livro, da primeira à última linha, foi escrito no tom de quem conversa com alguém que gosta de sua língua e está interessado em entendê-la. Este interlocutor é você, meu caro leitor, e também todos aqueles que enviaram as perguntas que compõem este volume, reproduzidas na íntegra para dar mais sentido às respostas. Cada unidade está dividida em três níveis: primeiro, vem uma explicação dos princípios mais gerais que você deve conhecer para aproveitar melhor a leitura; em seguida, as perguntas mais significativas, com discussão detalhada; finalmente, uma série de perguntas curtas, pontuais, acompanhadas da respectiva resposta.

Devido à extensão do material, decidimos dividi-lo em quatro volumes. O primeiro reúne questões sobre **Ortografia** (emprego das letras, acentuação, emprego do hífen e pronúncia correta). O segundo, questões sobre **Morfologia** (flexão dos substantivos e adjetivos, conjugação verbal, formação de novas palavras). O terceiro, questões sobre **Sintaxe** (regência, concordância, crase e colocação dos pronomes). O quarto, finalmente, será todo dedicado à pontuação.

Sempre que, para fins de análise ou de comparação, foi preciso escrever uma forma **errada**, ela foi antecedida de um **asterisco**, segundo a praxe de todos os modernos trabalhos em Linguística (por exemplo, "o dicionário registra **obcecado**, e não *****obscecado** ou *****obsecado**"). O que vier indicado entre duas barras inclinadas refere-se exclusivamente à pronúncia e não pode ser considerado como uma indicação da forma correta de grafia (por exemplo: **afta** vira, na fala, /**á-fi-ta**/).

*

Meu caro leitor: no volume 1 deste *Guia Prático* – **Ortografia** –, discutimos **como** devem ser escritos os vocábulos do Português, detalhando o uso dos acentos, do hífen e o emprego das letras. No volume 2 – **Morfologia** –, descrevemos a formação das palavras de nosso idioma, o gênero e o número dos substantivos e dos adjetivos, a conjugação dos verbos. Neste terceiro volume – **Sintaxe** –, vamos deixar o âmbito restrito do **vocábulo** para entrar no âmbito da **frase**, estudando fenômenos que dependem do relacionamento dos vocábulos entre si, como a **concordância**, a **regência**, a **crase** e a **colocação dos pronomes**.

Além disso, ao lado desses conteúdos de aplicação imediata no seu dia-a-dia, você também vai se familiarizar com as principais funções sintáticas – **sujeito, objeto direto, objeto indireto, adjunto adverbial**, etc. São conceitos de presença obrigatória nas provas de Português de todos os vestibulares e concursos públicos do país, mas sua importância vai muito além disso. Sem dominar essas noções, que considero indispensáveis para qualquer pessoa que se interesse pelo estudo do idioma, as decisões sobre **crase** ou **concordância**, por exemplo, sempre vão parecer arbitrárias e irracionais. Sem elas, você não vai conseguir responder àquela velha indagação que todos nós compartilhamos: "Por que devemos fazer isto, e não aquilo?". Sem elas, você não será capaz, sequer, de entender a explicação sobre a primeira estrofe do Hino Nacional Brasileiro.

1. Funções sintáticas

Quando você divide uma frase em suas **partes constitutivas** (ou **sintagmas**) e dá um nome a cada uma dessas partes, está fazendo aquilo que chamamos de **análise sintática**. Exceto por algumas estruturas mais raras ou mais complexas, é muito fácil fazer a análise de uma frase: depois que isolamos o **verbo**, as demais partes são facilmente reconhecíveis: o **sujeito**, o **objeto direto**, o **objeto indireto**, o **predicativo**, o **adjunto adverbial**, o **aposto**, o **vocativo** e o **agente da passiva**. Estas são as oito funções sintáticas reconhecidas pela gramática:

1 – **Um atleta brasileiro** venceu a prova de salto tríplice. (sujeito)
2 – A TV francesa entrevistou **um atleta brasileiro**. (obj. direto)
3 – O documentário trata **de um atleta brasileiro**. (obj. indireto)
4 – O principal astro do documentário é **um atleta brasileiro**. (predicativo)
5 – Ela sempre viajava **com um atleta brasileiro**. (adj. adverbial)
6 – A chama olímpica foi acesa **por um atleta brasileiro**. (agente da passiva)
7 – A testemunha-chave era Antônio, **um atleta brasileiro**. (aposto)
8 – Você, **atleta brasileiro**, conhece muito bem nossas dificuldades! (vocativo)

No entanto, nossa **Nomenclatura Gramatical** (conhecida como **NGB**), que definiu, em 1958, a terminologia gramatical adotada por todos os livros didáticos do país, cometeu o terrível equívoco de incluir o **adjunto adnominal** e o **complemento nominal** nessa relação, o que veio complicar desnecessariamente o sistema. Na verdade, eles não são **partes** da frase, como as outras oito que relacionei acima, mas **partes das partes** da frase, isto é, aparecem **dentro** dos sintagmas – dentro do sujeito, do objeto, do predicativo, do aposto, etc., como explico em alguns dos tópicos que você vai ler mais abaixo. Numa frase como "Um atleta brasileiro sente **muita saudade de casa**", o elemento grifado é o **objeto direto** do verbo **sentir** – e pronto!

Agora, se você olhar mais de perto este objeto, verá que o núcleo é **saudade**; **muita** é **adjunto adnominal**, como o são, aliás, todas as palavras que ficam à esquerda do substantivo; **de casa** é **complemento nominal** (**saudade** sempre será **saudade de alguma coisa**). A diferença entre o adjunto e o complemento vai ficar mais clara nos artigos que seguem, mas isso não importa, desde que você perceba que ambos são **elementos internos** ao sintagma. Incluí-los entre as oito funções básicas é a mesma aberração que um guia de viagens da América do Sul que destacasse, como atrações mais importantes, a Argentina, o Peru, Minas Gerais, Uruguai e Brasília – misturando, numa mesma classificação, países, estados e cidades.

Nas páginas seguintes, discuto este problema e outros mais, principalmente os vários tipos de **sujeito** e sua influência nas questões de **concordância verbal**.

classe não é função

O Professor adverte: ninguém consegue fazer uma boa análise sintática se não distinguir entre **classe** e **função**.

*Professor, na frase "visitaremos o museu no sábado", a função sintática de **no sábado** é de **adjunto adverbial de tempo**. Ora, a palavra **sábado** é um **substantivo**, mas não sei se, nessa frase, ela se mantém como **substantivo** (mesmo sendo **adjunto adverbial** na sintaxe), ou se classifica como **advérbio**. Por favor, sempre tenho essa dúvida em análises morfossintáticas. Desde já agradeço a atenção.*

Geraldo R. – Cascavel (PA)

Meu caro Geraldo, às vezes um pequeno desvio de raciocínio faz parecer complexo aquilo que, na verdade, é muito simples. A análise que você fez tem uma falha sutil, que já atrapalhou muita gente: **função** é uma coisa, **classe** é outra, bem diferente. Em "visitamos o museu **naquele sábado ensolarado**", o sintagma destacado é um **adjunto adverbial** (isso é **função**, ou seja, isso é **sintaxe**). Quanto aos vocábulos aí presentes, no entanto, a análise é a seguinte: **em** (preposição) + **aquele** (pron. demonstrativo) + **sábado** (substantivo) + **ensolarado** (adjetivo) (isso é **classe**; isso é **morfologia**).

Para deixar bem claro o que estou tentando explicar, vou dar um exemplo bem significativo: o substantivo **menino** (classe) pode desempenhar diferentes **funções** sintáticas, dependendo de suas relações dentro da frase: "o **menino** saiu" (sujeito); "encontrei o **menino**" (objeto direto); "ela simpatizou com o **menino**" (objeto indireto); "ele é um **menino**" (predicativo) – e assim por diante.

Não esqueça que os **adjuntos adverbiais** (isso é **função**) aparecem de duas maneiras no Português: ou (1) como um simples **advérbio**, ou (2) como um **substantivo** preposicionado (isso é **classe**). Veja os exemplos:

(1) Ele nasceu **ontem**.

Vamos fugir **agora**.

Ele tombou **aqui**.

(2) Ela chegou **no sábado**.

O velho perdeu os óculos **em casa**.

Eles vieram **de carro**.

Ela estuda Matemática **com interesse**.

Todos os elementos que destaquei são **adjuntos adverbiais**; todavia, enquanto **ontem**, **agora** e **aqui** são **advérbios**, **sábado**, **casa**, **carro** e **interesse** são **substantivos**. Na minha experiência (que não é pequena), só vamos compreender os princípios da análise sintática quando formos capazes de distinguir entre **classe** e **função**; depois, tudo fica mais fácil.

viver é verbo de ligação?

Conheça uma forma segura de identificar os **verbos de ligação**.

*Caro Professor Moreno, a escola ensina que o verbo **viver** é **intransitivo**. Um aluno, porém, perguntou sobre a eventual possibilidade dele funcionar como **verbo de ligação** na frase "Mário **vive** cansado" – como é o caso do verbo **andar** na frase*

*"Mário **anda** cansado". Estaria correta a posição dele? Agradecida.*

Teresinha D. M. – São José dos Campos (SP)

Minha cara Teresinha, o seu aluno tem toda a razão. O verbo **viver**, no exemplo que você mandou, não é o **viver** intransitivo; aqui ele é classificado como uma espécie de **verbo de ligação** – um tanto especial, porque não é tão-somente relacional, mas "traduz uma noção além do estado (predicado verbo-nominal). Ex.: *Eles viviam escondidos no mato*. Há aqui noção de **vida** + estado oculto do sujeito", diz Celso Pedro Luft, em sua ***Moderna Gramática Brasileira*** (aviso a meus leitores: esta gramática só deve ser utilizada por professores ou estudantes de Letras; para o usuário comum, ela é técnica e inovadora demais). O mesmo Luft, no seu utilíssimo ***Dicionário Prático de Regência Verbal***, vai mais longe, pois já classifica **viver**, nesta acepção, como **verbo de ligação**, com o significado de **estar sempre** (aspecto durativo, continuativo ou permansivo): "Ele vive gripado"; "Vive com dores de cabeça".

Note que aqui está uma boa oportunidade de reformular a maneira de ensinar os **verbos de ligação**: em vez de fornecer aos alunos uma lista fechada (eu próprio aprendi, no meu tempo, a desfiar, de cor, aquela ladainha do "ser, estar, ficar, permanecer, etc." – sempre incompleta), é muito melhor ensiná-los a raciocinar. Podemos, por exemplo, levantar a seguinte hipótese: se **viver** for um verbo de ligação, ele estará ligando o **sujeito** a seu **predicativo**; ora, os **predicativos** têm a propriedade sintática de concordar, em gênero e número, com o **sujeito** (**ela** está **nervosa**, **ele** está **nervoso**, **eles** estão **nervosos**, **elas** estão **nervosas**). Se na sua frase

– "**Mário** vive **cansado**" – trocarmos **Mário** por **Maria**, vamos ter "**Maria** vive **cansada**": a flexão nos assegura que estamos diante de um **predicativo**. O mesmo vale para frases como "Ele virou delegado", "O menino saiu vencedor", "Ela acabou ferida", em que os verbos **virar**, **sair** e **acabar** funcionam como verbos de ligação, e **delegado**, **vencedor** e **ferida** são predicativos.

Quanto a seu aluno curioso, fique de olho nele; ele parece ter uma boa sensibilidade linguística, como se pode ver. Quem sabe não temos aí um futuro colega nosso?

sujeito oculto?

O sujeito **oculto** não desapareceu; apenas trocou de nome.

*Bom dia, Professor! Um colega de universidade disse que, segundo um antigo professor, poliglota em 23 idiomas e responsável pela formulação das provas de Português numa importante faculdade de Medicina de São Paulo, o **sujeito oculto** foi abolido das normas gramaticais. Eu gostaria de perguntar: se um sujeito oculto pode ser identificado pela desinência verbal – sendo elíptico ou implícito –, como essa norma pôde ser abolida? Aliás, ela foi realmente abolida?*

Marcos C. M. – São Paulo (SP)

Meu caro Marcos, acho esquisito esse termo que você emprega, "abolido". Isso só se usa para uma lei ou regulamento que foi revogado – e jamais existiu uma norma para o **sujeito oculto**. Essa era apenas uma denominação antiga (bem antiga, aliás) que os gramáticos cunharam para os casos em que o sujeito não aparece expressamente na frase, mas é recuperado pela terminação do verbo (uma das grandes vantagens da nossa conjugação verbal sobre a do Inglês). Não se preocupe, que **nada** mudou na língua em si mesma, mas apenas no **nome** que usávamos para designar essas frases em que o sujeito não necessita estar **explícito**. Por isso, pode continuar criando frases como "**Fui** ao cinema, mas **volto** logo"; "**Gosto** de cachorro"; "**Perdi** o melhor da festa"; a única diferença é que não chamamos mais esse sujeito de **oculto**.

No momento em que os professores e gramáticos se deram conta de que esse "oculto" era um nome no mínimo risível, já que todo mundo – até estudantes de 9 anos de idade – descobria o sujeito com facilidade, passaram então, com mais precisão, a chamá-lo de **sujeito subentendido**, depois de **sujeito expresso pela desinência verbal**, até chegar ao **sujeito elíptico** de hoje, a meu ver a denominação mais adequada, pois o processo linguístico que atua nesse caso é justamente a **elipse**. O que houve, portanto, não foi a **eliminação do processo** (o que seria impossível, mesmo que todos os gramáticos e linguistas se reunissem para fazer força juntos), mas o abandono de uma terminologia anacrônica. Só isso. O seu colega deve ter entendido mal o que disse o fantástico poliglota de 23 idiomas.

Nomenclatura Gramatical Brasileira

> Por que todas as gramáticas de nosso idioma utilizam a mesma terminologia? Veja como isso aconteceu.

> *Professor, a gramática de Evanildo Bechara faz diversas referências, nas notas de rodapé, à **NGB** – Nomenclatura Gramatical Brasileira. Ela não tinha sido revogada?*
>
> Carlos E. S. – Curitiba (PR)

Prezado Carlos, assim como os profissionais da área biomédica confiam na **Nomina Anatomica**, que é uma nomenclatura internacional da anatomia humana, assim os professores de Língua Portuguesa confiam na **Nomenclatura Gramatical Brasileira** (como o nome claramente indica, Portugal não tem nada a ver com ela). Antes dela, vivíamos numa verdadeira selva de terminologias; cada gramático de renome fazia questão de usar denominações próprias para as funções sintáticas, para as orações subordinadas, para as classes gramaticais, o que tornava quase impossível a homogeneidade no ensino gramatical. A partir da **NGB**, uma comissão formada por notáveis da época (entre eles, Antenor Nascentes, Rocha Lima e Celso Cunha) estabeleceu uma espécie de divisão esquemática dos conteúdos gramaticais, unificando e fixando, para uso escolar, a nomenclatura a ser usada pelos professores; em 1959, no governo JK, uma portaria recomendou sua adoção em todo o território nacional. Dessa data em diante, por exemplo, todos passaram a falar em **objeto indireto**, e não mais em "complemento terminativo" ou "complemento relativo", ou quejandos; os **adjetivos** ficaram restritos aos **qualificativos**, enquanto os demais (**demonstrativos**, **indefinidos**, etc.) passaram a ser classificados como tipos de **pronomes**; o antigo **condicional** ganhou o duvidoso nome de **futuro do pretérito**; e assim por diante – o resto todo mundo sabe, porque todos aprendemos Português já dentro da **NGB**, usada até hoje.

Ocorre que ela foi concebida com base nos conhecimentos de 1958 – quando ainda não funcionava regularmente, por exemplo, a cadeira de Linguística nos cursos de Letras. Os gramáticos da comissão, embora de renome, eram de formação tradicional e obviamente imprimiram nessa nomenclatura as suas concepções pessoais, muitas vezes limitadas. O resultado é conhecido por qualquer professor de Português: os livros mais sérios estão cheios de notas de rodapé, como você percebeu, meu caro leitor, contestando aqui e ali a **NGB**, que precisa urgentemente ser revisada e reformulada, não só para adequá-la aos avanços registrados nos estudos da língua, nesses últimos quarenta anos, como também para corrigir comezinhos erros de lógica, que tanto prejudicaram (e prejudicam ainda hoje!) o entendimento dos alunos.

sujeito oracional

Às vezes, o **sujeito** de uma oração é representado por outra oração.

*Caro Professor Moreno, gostaria que o senhor definisse para mim **sujeito oracional**. Eu tenho dúvidas sobre quando este sujeito surge. Muito obrigado pela atenção!*

André Luiz – Balneário Camboriú (SC)

Prezado André, vou acrescentar à minha explicação alguns detalhes que você não perguntou. Você deve entender que as várias partes da frase (**sujeito, objeto direto, predicativo**, etc.) podem ser representadas por uma **oração subordinada substantiva**. É exatamente por esse motivo que, entre as substantivas, temos uma **objetiva direta**, uma **predicativa**, uma **subjetiva** – nomes que revelam a que parte da frase elas correspondem. Em "Nós esperamos que você volte logo", a oração principal é "Nós esperamos". Ora, como **esperar** é um transitivo direto, onde está o **objeto direto** exigido por ele? Na oração seguinte – "que você volte logo" –, por isso mesmo classificada como subordinada substantiva **objetiva direta**. Poderíamos, se quiséssemos, dizer que temos aqui um **objeto direto oracional** – o que vem dar na mesma.

Quando o **sujeito** da oração principal for a oração subordinada, estamos diante de uma substantiva **subjetiva** (eis o tal **sujeito oracional**!). Você deve reconhecer os dois tipos básicos:

(1) as que são introduzidas pela conjunção integrante **que**:

> Era indispensável **que eu voltasse cedo.**
> Convém **que todos fiquem sentados.**
> É estranho **que o cão esteja latindo.**

Aqui a oração grifada exerce a função de **sujeito** (oracional) da oração principal, a qual vai ficar, convenientemente, com o verbo na 3ª do singular. Como ensinava a minha saudosa professora da 5ª série, "o que era indispensável"? **Que eu voltasse cedo**. "O que é que convém?" **Que todos fiquem sentados**.

(2) as **reduzidas** de infinitivo:

Estudar é importante.
Ficarmos aqui pode trazer sérias consequências.
Descobrir o verdadeiro assassino era uma tarefa para Sherlock Holmes.

Aqui a oração grifada também é **subjetiva**, só que **reduzida de infinitivo**; "o que é importante"? **Estudar**. "O que pode trazer sérias consequências"? **Ficarmos aqui**. O que "era uma tarefa para Sherlock Holmes"? **Descobrir o verdadeiro assassino**.

Sujeito do Ouviram do Ipiranga

É incrível como muitos cantam o **Hino Nacional** sem compreender sequer a primeira linha!

*Professor, posso dizer que o sujeito de "Ouviram do Ipiranga as margens plácidas de um povo heroico o brado retumbante" é **indeterminado**, porque o verbo está na 3ª pessoa do plural?*

Marcelo Costa

Meu caro Marcelo, aqui não se trata de sujeito **indeterminado**. O início de nosso hino é uma frase na ordem **indireta**; veja como ela fica na ordem **direta**: "As margens plácidas do Ipiranga ouviram o brado retumbante de um povo heroico". Logo, o sujeito é **as margens plácidas do Ipiranga** – e por isso o verbo está no plural (**ouviram**).

A leitora Larcy, de São Paulo, fez a mesma pergunta que você; ao ser informada sobre qual é o sujeito, voltou a escrever, ainda com dúvida, pois em vários lugares na internet ela encontrou escrito **às margens** – como se fosse um adjunto adverbial, referindo-se, portanto, **ao lugar** onde foi proferido o tal brado. Ora, todos nós sabemos que não existe aquele acento de crase; infelizmente, a fonte que ela consultou não era de confiança e trazia um erro muito comum quando reproduzem a letra do Hino Nacional – exatamente porque as pessoas ficam em dúvida quanto à função desse termo. **As margens** não é adjunto adverbial, não; é **sujeito**, e por isso Osório Duque-Estrada o escreveu sem acento algum.

fui eu quem fez?

É **fui eu que fiz** ou **fui eu quem fez**? Veja como podemos evitar as formas erradas e escolher entre duas estruturas igualmente corretas.

*Caro Professor, ainda não consegui descobrir a forma correta para a resposta à pergunta "Quem fez isso?". Seria "**Fui eu quem fez**" ou "**Foi eu que fiz**"? Por favor, explique-me qual é a resposta correta; ou quem sabe nenhuma das duas pode ser usada?*

Helena B. – Campinas (SP)

Minha cara Helena, vamos por partes, porque há duas orações na sua frase. Na primeira, não temos escolha: ela será necessariamente "**fui eu**". O sujeito está claro (**eu**) e o verbo precisa concordar com a 1ª pessoa; "***foi eu**" seria erro brabo. Na segunda oração, contudo, temos duas opções: usar **que** ou usar **quem**.

Se usarmos **que**, o seu antecedente será o **eu** da oração anterior, e a concordância será "**que fiz**". Se usarmos **quem**, um pronome de 3ª pessoa, a concordância será obrigatoriamente "**quem fez**". Portanto, você pode escolher entre "fui eu **que fiz**" ou "fui eu **quem fez**" (da mesma forma que "fomos nós **que fizemos**" ou "fomos nós **quem fez**"). A escolha é livre, mas eu recomendo, pessoalmente, a primeira opção, porque está mais de acordo com a fala usual.

a hora da onça beber água

Está na hora **de o sol nascer**, ou está na hora **do sol nascer**? O Professor prefere a segunda e explica por quê.

*Prezado Professor, lendo um artigo sobre a língua japonesa, fiquei em dúvida quanto à correção da frase "falavam seu idioma mil anos antes **dos portugueses aparecerem** por lá". Nos anos 60, aprendi, com um famoso professor de Português, que era **abominável** a contração da preposição **de** com o artigo antes do sujeito, devendo-se usar, portanto, "antes **de os portugueses** aparecerem"... Gostaria que me esclarecesse se esta regra mudou, ou se se tornou "mais elástica", como tudo nos dias em que vivemos. Obrigado.*

Luiz B. – Médico – Novo Hamburgo (RS)

Meu caro Luiz, o seu famoso professor não inventou aquela regra; ele seguia a lição proferida por um gramático do século XIX (Grivet), depois difundida pelo respeitado Eduardo Carlos Pereira e, a partir daí, repetida até hoje por muitos autores de livros escolares e de manuais de redação. Infelizmente eles se enganavam; confundiam a velha análise **lógica**, em que foram educados, com a análise **sintática** e **fonológica**. Como o problema já está suficientemente estudado, limito-me a recorrer ao trabalho de duas autoridades muito significativas para mim, Celso Pedro Luft, meu mestre e amigo, e Evanildo Bechara, o atual gramático-chefe do Brasil. Os argumentos e os exemplos são deles; o que não ficar bem claro deve ser debitado à minha falta de jeito.

Podemos dizer que aquela velha regra nasceu de um silogismo que parece inatacável:

(1) As preposições sempre subordinam o termo que vem à sua direita (termo **regido**).

(2) O **sujeito**, assim como o **predicado**, é um dos termos "nobres" da oração e não pode, por isso mesmo, estar subordinado.

(3) Logo, o sujeito jamais poderá vir regido por preposição.

Seguindo esse raciocínio, uma frase como "hoje é dia **dele** voltar para casa" seria inaceitável, porque o sujeito **ele** estaria regido pela preposição **de**; a forma adequada seria "hoje é dia **de ele** voltar para casa". Tudo parece muito lógico – aliás, era imprescindível que assim fosse, ou a hipótese não teria seduzido tantas boas cabeças brasileiras e portuguesas, como é o caso de Rebelo Gonçalves e de Eduardo Carlos Pereira. Ocorre, no entanto, que eles são gramáticos anteriores até mesmo a Ferdinand de Saussure, considerado o fundador da Linguística Moderna, com o seu *Cours* publicado em 1916 (e que só veio a ser lido no Brasil muitos anos depois). Se fossem médicos, seriam, *mutatis mutandis*, como Hipócrates ou Galeno, exercendo a Medicina antes mesmo de surgir Pasteur.

Acontece que, em "hoje é dia **dele** voltar para casa", o **de** não está regendo o pronome **ele**, mas sim **toda** a oração infinitiva, da qual o pronome é o sujeito:

Hoje é dia DE + [**ele voltar para casa**]

Tanto Luft quanto Bechara perceberam que o equívoco dos velhos mestres nasceu da confusão entre **sintaxe** e **fonética**. A transformação da frase "a hora **de ele** voltar" em "a hora **dele** voltar" é de ordem **fonética** (é a tradicional **elisão**), mas não afeta o plano da **sintaxe** (não houve a subordinação de **ele** a **dia**). Na fala, como já notou Sousa da Silveira, **essa elisão é obrigatória**; na escrita, foi praticada pelos melhores escritores de nosso idioma (não cito os posteriores à Semana de Arte Moderna de 1922 para que não digam que estou sendo tendencioso):

– "São horas DA baronesa dar o seu passeio pela chácara" – Machado de Assis

– "Antes DELE avistar o palácio de Porto Alvo" – Camilo Castelo Branco

– "Sabia-o antes DO caso suceder" – Alexandre Herculano

– "Antes DO sol nascer, já era nascido" – Padre Vieira

– "Depois DO enfermo lhe haver contado" – Bernardes

– "Apesar DAS couves serem uma só das muitas espécies" – Rui Barbosa

Por outro lado, é necessário admitir que também há autores clássicos dos séculos XVII e XVIII que procuram evitar essa combinação da preposição com o artigo ou o pronome, o que não pode ter sido por influência da gramática do Grivet, que é de 1881. Citando Rodrigues Lapa, Evanildo Bechara sugere que aqueles autores estavam valorizando fatores de ordem muito mais estilística do que gramatical, como, em certos casos, o desejo de pôr em relevo a preposição, evitando que ela fique "enfraquecida" pela elisão. Isso ainda vai ser estudado – se é que já não foi. De qualquer forma, recomendo ao amigo o exame do substancioso artigo ***Está na hora da onça (ou de a onça) beber água?***, do professor Bechara, que faz parte da coletânea ***Na Ponta da Língua* – v. 2** (Rio de Janeiro, Lucerna, 2000. p. 176-88). Eu, particularmente, há muito tempo deixei de levar a sério essa regrinha artificial e **sempre** faço a combinação da preposição com o pronome.

adjunto adnominal x predicativo

Você consegue enxergar dois significados diferentes na frase **"Encontrei o cofre vazio"**?
Pois eles estão lá.

*Gostaria de um esclarecimento. Como saber a diferença entre o **adjunto adnominal** e o **predicativo** numa frase como, por exemplo, "**Os alunos acharam a prova difícil**"? Neste caso, **difícil** é o adjunto adnominal de **prova** ou é **predicativo** do **objeto direto**? Por favor, como explicar a diferença neste caso e em muitos outros?*

Bethânia S. – Salvador (BA)

Prezada Bethânia, você não pode esquecer que o predicativo, sendo um sintagma independente (coisa que o adjunto não é...), **pode ser deslocado**: "Os alunos acharam **difícil** a prova". Assim fica muito simples. É claro que nem sempre poderemos decidir com base apenas neste teste de deslocabilidade, porque há muitas frases em que a divisão sintática pode ser feita de duas maneiras diversas, o que vai obrigatoriamente gerar ambiguidade (o leitor pode entender a frase de duas maneiras).

É o caso de "a veterinária encontrou o leão ferido", que pode ser lida de duas formas. Na primeira, decompomos a frase assim:

a veterinária	encontrou	o leão ferido
sujeito	verbo	obj. direto

Pelo que se pode entender, a veterinária estava procurando um leão ferido e o encontrou. Aqui, **ferido** é apenas o adjunto adnominal de **leão**. Na segunda, decompomos a frase assim:

a veterinária	encontrou	o leão ferido
sujeito	verbo	obj. direto
		predicativo

Aqui, o objeto direto é apenas **leão**; **ferido** é um elemento independente, que funciona como **predicativo**, ou seja, a veterinária encontrou o **leão** e ele **estava ferido**. A primeira versão responde a uma pergunta do tipo "o **que** ela encontrou?" (**o leão ferido** que estava procurando); a segunda, "**como** é que estava o leão quando ela o encontrou?" (**ferido**). É um dos casos mais famosos de ambiguidade em nosso idioma, que já produziu pérolas como "ele deixou aquela prefeitura totalmente corrompida", em que não sabemos se ele era um político honesto que renunciou em vista do grau de corrupção da prefeitura, ou se ele era um desses novos políticos que corrompem os partidos e os governos de que fazem parte.

adjunto adnominal x complemento nominal

Essa distinção, que parecia ser tão difícil quando eu estava na escola, é mais fácil do que parece.

Caro Professor, necessito de sua ajuda. No período "A explicação desses assuntos será dada pelo funcionário", o elemento **desses assuntos** *é* **adjunto adnominal** *ou* **complemento nominal**? *Muito obrigado.*

Pedro Marcelo C. – Uberaba (MG)

Meu caro Pedro, quando tivermos um elemento ligado a substantivo por meio de uma preposição – "a explicação **desses assuntos**" –, a distinção entre o adjunto adnominal e o complemento nominal é automática em três casos bem definidos:

(1) Se o elemento preposicionado estiver ligado a um **substantivo concreto**, só pode ser **adjunto** (casa **de pedra**, lápis **de Antônio**, estante **de livros**).

(2) Se estiver ligado a um **adjetivo** ou **advérbio**, só pode ser **complemento** (capaz **de tudo**, apto **para o serviço**, perto **de casa**).

(3) Se estiver ligado a um **substantivo abstrato** por qualquer preposição que não seja **DE**, só pode ser **complemento** (obediência **às leis**, simpatia **por crianças**, insistência **no detalhe**).

A única situação, portanto, em que se admite dúvida entre **adjunto adnominal** e **complemento nominal** é quando o elemento preposicionado estiver ligado a um **substantivo abstrato** por meio da preposição **DE** – exatamente como na frase que estamos examinando (**a explicação + de + estes assuntos**).

Nesse caso – repito, que é o único em que se admite a dúvida entre o adjunto e o complemento –, temos de lembrar que **explicação** é um substantivo que nominaliza o verbo **explicar**. O princípio é simples: o que era **sujeito** do verbo passa a ser, nas nominalizações, **adjunto adnominal**, enquanto o que era **objeto** passa a ser **complemento nominal**. Podemos afirmar que a sequência "a construção **do engenheiro**" proveio da estrutura subjacente "**o engenheiro** construiu alguma coisa"; como **o engenheiro** era o **sujeito** da estrutura primitiva, agora ele é adjunto adnominal de **construção**. Já a sequência "a construção **do edifício**" proveio de "alguém construiu o edifício"; **o edifício**, que era o **complemento** do verbo **construir**, agora é complemento do substantivo **construção**.

Da mesma forma, se o exemplo que você mandou fosse "a explicação **do funcionário**", **funcionário** seria **adjunto**, porque ele é o **sujeito** da oração subjacente; no entanto, como é "a explicação **desses assuntos**", é óbvio que **desses assuntos** é **complemento** nominal – já que, na oração subjacente, era **complemento** verbal. Ficou claro?

complemento nominal?

Diferentemente dos adjuntos adnominais, que só podem estar ligados a **substantivos**, os complementos nominais podem ligar-se também a **adjetivos** e a **advérbios**.

*Prezado Professor, tudo bem? Na frase "Virgínia, moradora **na Rua das Acácias**, foi assassinada quando saía de casa", a expressão sublinhada é **complemento nominal** ou **adjunto adnominal**? Aprendi que os complementos nominais completam apenas o sentido de substantivos abstratos – o que não é o caso de **moradora**, que me parece ser um **substantivo concreto**.*

Fernando Bueno

Prezado Fernando, houve aqui uma pequena confusão. Quando as gramáticas dizem que o complemento nominal completa apenas **substantivos abstratos**, elas estão informando, implicitamente, que ele não pode se ligar aos **substantivos concretos**. Isso apenas define o problema quanto aos **substantivos**.

No entanto, o complemento vai mais adiante: pode ligar-se também a **adjetivos** (temente **a Deus**, obediente **à lei**, apto **para o serviço**) ou a **advérbios** (perto **da minha casa**). Na frase que você menciona, **moradora** é um adjetivo derivado do verbo **morar**, que exige um tipo de complemento que o prof. Luft chama de **complemento adverbial** (mora **na floresta**, vive **no mundo da lua**, etc.). Pela transformação clássica, os **complementos verbais** sempre se transformam em **complementos nominais** –

o que nos autoriza a dizer que **na Rua das Acácias** é complemento, e não adjunto.

Entendo por que você classificou **moradora** como substantivo: houve aqui aquela substantivação habitual que os adjetivos ligados a seres humanos podem sofrer. Por exemplo, o adjetivo **bebedor** em "Fulano de tal, **bebedor de cerveja**" pode aparecer substantivado em "**os bebedores de cerveja** fazem muito barulho", mas isso não altera o fato de que **de cerveja** é um complemento nominal de **bebedor**. Foi o que ocorreu nesta frase que estamos analisando.

Finalmente, em "Virgínia, **moradora na Rua das Acácias**", quero chamar sua atenção para um detalhe valioso que não posso deixar de mencionar: a presença da preposição **em**. Nunca esqueça, amigo: a hesitação entre **adjunto adnominal** e **complemento nominal** só existe quando tivermos um sintagma preposicionado com a preposição **de**, e só com ela; quando você enxergar qualquer outra preposição que não seja esta, pode ter certeza de que está diante de um complemento.

complemento adverbial?

Conheça o **complemento adverbial**, uma cruz de **objeto indireto** com **adjunto adverbial**.

Professor, qual seria a classificação sintática do elemento **no Brasil** *na frase "Morar* **no Brasil** *é bom"? A meu ver, embora o termo indique o local em que se dá a ação, não pode ser considerado como* **adjunto adverbial,** *uma vez que o verbo* **morar** *parece* *exigir um **objeto indireto** (quem **mora**, **mora** em algum lugar), não descartável, como seria o adjunto.*

Sílvia J. – Colatina (ES)

Minha prezada Sílvia, **no Brasil**, na frase "Morar no Brasil é bom", pode ter três classificações sintáticas, dependendo de como a enquadrarmos:

(1) **adjunto adverbial** – como você mesma percebeu, **no Brasil** indica o lugar em que ocorre a ação, o que nos levaria a classificá-lo como adjunto adverbial. Um detalhe, porém, despertou (acertadamente) sua suspeita de que esta não seria uma boa classificação: os adjuntos são elementos **acessórios**, que podem ser eliminados da frase sem que o verbo sofra com isso. Aqui, no entanto, **no Brasil** parece ser indispensável para completar o sentido do verbo **morar**, que não pode ser considerado intransitivo – o que nos leva à segunda hipótese:

(2) **objeto indireto** – é o complemento preposicionado que integra o sentido de um verbo transitivo indireto. Como "quem **mora**, **mora** em algum lugar", poderíamos ver em **no Brasil** um objeto indireto. No entanto, eu e você sabemos que os objetos indiretos não costumam indicar circunstâncias de **tempo**, **lugar** ou **modo**, função atribuída aos adjuntos adverbiais – o que nos leva à terceira hipótese:

(3) **complemento adverbial** – agora, **no Brasil** seria o **complemento adverbial** do verbo **morar**. O complemento adverbial é uma classificação que ficou fora da **Nomenclatura Gramatical Brasileira**. O complemento adverbial serve exatamente para esses sintagmas que, ao mesmo tempo, exprimem **circunstâncias** (como

fazem os adjuntos adverbiais), mas **completam** verbos de significação transitiva (como fazem os objetos). É o mesmo caso de "Vivo **na roça**" ou "Vou **à faculdade**", por exemplo. Poucos autores trabalham com esta classificação nas gramáticas escolares; meu grande mestre, Celso Pedro Luft, incluiu-o em sua *Moderna Gramática Brasileira* (Ed. Globo), mas ele mesmo adverte que se trata de uma obra para estudiosos de Letras e para professores. Seguindo sua orientação, incluí os complementos adverbiais na descrição sintática que fiz em meu *Curso Básico de Redação* (editado pela Ática), mas foi recebido com resistência pela maioria dos professores, que têm receio de afastar-se da já vetusta NGB.

Não fique assustada, minha cara Sílvia, com a variedade de análises; escolha a que mais lhe aprouver, porque já vi todas as três ser defendidas. Estudar algo em profundidade, você sabe muito bem, é escolher, entre as várias hipóteses viáveis, a que nos parece mais sólida.

Curtas

verbos e nomes transitivos

> Luís Gustavo V., do Rio de Janeiro, está cismado com uma questão de concurso que, nas expressões "aluguel **de filmes**" e "locadoras **de vídeos**", analisa os termos em destaque como "complementos de verbos anteriores". Inconformado com o gabarito, o leitor pergunta: "**Aluguel** é verbo? **Locadoras** é verbo?".

Meu caro Luís Gustavo, **de filmes** e **de vídeos**, nesses dois exemplos, são **complementos nominais**, oriundos da transformação do complemento verbal (objetos diretos) do verbo **alugar** e do verbo **locar**, respectivamente. "Alugar **o filme**" (compl. verbal) transforma-se em "aluguel **do filme**" (compl. nominal). É por essa razão que dizemos que é a nominalização dos **verbos transitivos** que produz esses **nomes transitivos**, que por isso mesmo necessitam de complemento. Só um detalhe: o componente da banca que elaborou essa questão aí deve ter feito uma boa faculdade de Letras, porque a maioria dos professores não conhece essa consequência da nominalização do verbo.

complemento nominal

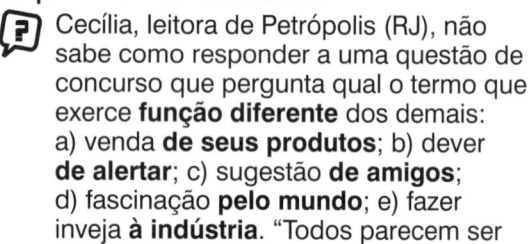

> Cecília, leitora de Petrópolis (RJ), não sabe como responder a uma questão de concurso que pergunta qual o termo que exerce **função diferente** dos demais:
> a) venda **de seus produtos**; b) dever **de alertar**; c) sugestão **de amigos**;
> d) fascinação **pelo mundo**; e) fazer inveja **à indústria**. "Todos parecem ser complementos nominais, Professor!"

Prezada Cecília, na questão acima, a resposta é claramente (c): a "sugestão **de amigos**" é a sugestão **que os amigos fazem** (ou fizeram); portanto, **de amigos** é um adjunto adnominal (correspondendo, na frase antes da transformação, ao **sujeito**). Compare com "recebi uma **sugestão de restaurante**" – agora sim, **de restaurante** é complemento nominal (correspondendo, na frase originária, ao **complemento** do verbo: "sugeriram um restaurante").

sujeito elíptico

> O leitor Francisco procurou no ***Aurélio*** a palavra **elíptico**, mas a simples definição do vocábulo não esclareceu o que é um **sujeito elíptico**.

Prezado Francisco, esse é apenas o nome moderno do velho **sujeito oculto**. Na frase "**Cheguei tarde**", o sujeito é **eu**, elíptico, isto é, está em **elipse**. Isso significa que foi suprimido da frase, mas pode ser facilmente recuperado por quem vier a lê-la.

sujeito indeterminado

> Um leitor anônimo quer saber se o sujeito da frase "Chegaram cansados da viagem" é **oculto** ou **indeterminado**.

Meu caro Anônimo, quando o verbo está na 3ª do plural, é necessário examinar o contexto em que a frase se insere. Se houver referência anterior a seres determinados, dizemos que o sujeito é **elíptico** (não se usa mais a denominação **oculto** há trinta anos...): "Ontem surpreendi dois garotos brincando no meu jardim. **Deixaram** a torneira aberta" – o sujeito é **eles**, elíptico. Se, no entanto, estivermos apenas falando de um fato ocorrido, sem qualquer referência específica a um sujeito anterior, dizemos que o sujeito é **indeterminado**: "**Deixaram** a torneira aberta, e a água inundou a garagem".

sujeito oculto ou simples?

> Gabriel M., leitor de Juiz de Fora (MG), aprendeu no cursinho que a denominação **sujeito oculto** não é mais utilizada e que tudo que antigamente era classificado como tal atualmente passa a ser **sujeito simples**

– com o que não concorda a professora de sua escola. Afinal, qual é a informação correta?

Caro Gabriel, pelo que vejo, você está dividido entre duas opiniões igualmente equivocadas (ou, quem sabe, a confusão foi sua, mesmo?): o sujeito pode ser **simples** ou **composto** – e ponto! **Simples**, se tem **um só núcleo**, e composto, se tem **mais de um** (exigindo, naturalmente, o verbo no plural). Agora, quanto à sua manifestação concreta, ele pode estar **expresso** (aparece escrito na frase) ou **elíptico** (este é o que antigamente se denominava de **oculto** ou **expresso pela terminação verbal**). Na frase "**Chegamos** tarde à festa", o sujeito é **simples** ("nós") e está **elíptico**. Minha avó diria que ele está **oculto**.

eram seis galinhas

> Silvana, de Ji-Paraná (RO), gostaria de saber qual é o sujeito em "**Eram seis galinhas**" e como classificá-lo.

Minha cara Silvana, o sujeito é **seis galinhas**. Basta ver como o número do verbo (singular ou plural) varia de **Era uma galinha** para **eram seis galinhas**. Em frases como essa, o verbo **ser** é **intransitivo**, e não **verbo de ligação**.

objetos diretos preposicionados

> Felipe L., João Pessoa (PB), pergunta: "Em **Comi do pão e bebi do vinho**, temos um caso clássico de **objeto direto preposicionado**; como distinguir entre casos assim e simples erros de regência?".

Prezado Felipe, os objetos diretos preposicionados

são pouco ou quase nada usados, até por sua própria estranheza: **puxar da espada**, **pegar da pena**, etc. A escola tende a exagerar sua importância, transformando-o numa espécie de bicho-papão para assombrar os alunos, que ficam inseguros ao saber que os limites entre os objetos diretos e indiretos não são tão precisos como eles imaginavam. Os dois exemplos que você deu são correspondentes a um antigo caso **partitivo**, que o Português teria conhecido na sua origem e que o Francês até hoje utiliza (*manger du pain*, *boire du vin*). Você pode ver que ele não pode ser usado se, em vez de uma **parte**, o verbo indicar a totalidade: se eu disser que **ele comeu o pão** e **bebeu o vinho**, não sobrou nadinha.

2. Sintaxe dos pronomes pessoais

Você provavelmente deve lembrar que os **pronomes pessoais** do Português se dividem em **retos** e **oblíquos**; se você teve um bom professor, vai lembrar também que os **retos** servem para representar o **sujeito**, e os **oblíquos** servem para representar os **objetos** – mas duvido que você conheça a razão de usarmos aqui esses dois adjetivos, "retos" e "oblíquos", muito mais familiares à Geometria que à Gramática.

Para entender essa denominação, precisamos voltar um pouco na História, remontando ao Latim, a língua-mãe do Português. Quem teve contato com esse idioma deve, com toda a certeza, guardar alguma lembrança das **terminações que indicam os casos**, um de seus traços mais característicos (e assustadores, para os alunos): enquanto o substantivo de nossa língua ostenta, no final, marcas que especificam o **gênero** e o **número** (alun**o**, alun**a**, alun**os**, alun**as**), o substantivo latino traz marcas que identificam a função sintática que ele está desempenhando numa determinada frase. Simplificando – só para fins de explicação; não me venha algum boi-corneta acusar de estar maltratando o Latim – simplificando, repito, digamos que o Português tivesse a forma **cantor** para sujeito ou vocativo, **cantorum** para objeto direto, **cantori** para objeto indireto e **cantoro** para adjunto adverbial. Ora, estando as funções sintáticas identificadas por essas terminações, a ordem em que as palavras se sucedem não vai interferir na compreensão do conteúdo. Seguindo o nosso exemplo: se eu usar **cantorum** no início ou no fim, antes ou depois do verbo, meu leitor saberá que este vocábulo, naquela frase, é um **objeto direto**.

O mesmo não ocorre no Português – como, aliás, na maioria das línguas modernas. Nossa frase segue o padrão **S–V–O** (Sujeito-Verbo-Objeto), enquanto o Latim, devido às terminações de casos, admite qualquer combinação possível (S-O-V, O-S-V, V-S-O, V-O-S). Para avaliar o que isso significa na prática, tomemos, como exemplo, a frase "O professor contratou o cantor". No Português, qualquer alteração na ordem dos elementos ("O professor o cantor contratou", "Contratou o professor o cantor", etc.) vai gerar **ambiguidades**, sendo necessário, para manter o sentido original, o emprego daquela preposição "postiça" que todos nós conhecemos: "Ao cantor o professor contratou", "Contratou o professor ao cantor". No Latim, no entanto, supondo que a frase fosse "O **professor** contratou o **cantorum**" (lembro, mais uma vez, que estamos usando um Latim de mentirinha, para tornar mais clara a explicação), a ordem não faria diferença para o leitor: tanto em "O **cantorum** o professor contratou", ou em "Contratou o professor o **cantorum**", ou até mesmo em "O **cantorum** contratou o professor", saberíamos que o sujeito da frase é **o professor** e que o objeto direto é **o cantorum**. Em outras palavras, a sintaxe da frase transparece na morfologia das palavras.

Foi isso, sem dúvida, que permitiu que os escritores latinos, principalmente na poesia, alterassem a ordem da frase a seu bel-prazer, a fim de alcançar os efeitos sonoros (métrica, cadência, etc.) pretendidos. Essa é a maior dificuldade para quem lê **Os Lusíadas**, do nosso Camões. Como esta é uma epopeia renascentista, baseada, como tantas outras da mesma época, no modelo épico de Roma – mais precisamente, **A Eneida**, de Virgílio –, o autor submeteu a sintaxe do Português às inversões que eram corriqueiras no Latim, o que tornou seu texto praticamente incompreensível sem um pesado aparato de notas explicativas. Se alguém achar que exagero, lembro as duas primeiras estrofes do poema:

> As armas e os Barões assinalados
> Que da Ocidental praia Lusitana
> Por mares nunca de antes navegados
> Passaram ainda além da Taprobana,
> Em perigos e guerras esforçados
> Mais do que prometia a força humana,
> E entre gente remota edificaram
> Novo Reino, que tanto sublimaram;
>
> E também as memórias gloriosas
> Daqueles Reis que foram dilatando
> A Fé, o Império, e as terras viciosas
> De África e de Ásia andaram devastando,
> E aqueles que por obras valerosas
> Se vão da lei da Morte libertando,
> Cantando ESPALHAREI por toda parte,
> Se a tanto me ajudar o engenho e arte.

Note o leitor que os quatorze primeiros versos são apenas o **objeto direto** do verbo da oração principal – **espalharei** –, que só vai aparecer no penúltimo verso da segunda oitava! É essa complexidade sintática que afasta nossos alunos do poema do grande gênio da nossa língua; felizmente a sua vasta e maravilhosa poesia lírica constitui, para o jovem, uma estrada mais amena para ingressar na sua obra.

Temos, portanto, que os substantivos latinos apresentavam variações na sua terminação que serviam para assinalar as relações que estes termos mantinham com os demais vocábulos das frase, especialmente o **verbo**. Friso que não existe uma equivalência exata entre os casos latinos e as funções sintáticas que usamos na análise do Português, mas, para dar uma ideia aproximada, digamos que o **nominativo** correspondia ao nosso **sujeito**, o **genitivo** ao **adjunto adnominal**, o **dativo** ao **objeto indireto**, o **acusativo** ao **objeto direto** e o **ablativo** ao **adjunto adverbial**. Numa frase como

os atores	deram	autógrafos	aos estudantes	após o espetáculo
sujeito	verbo	obj. direto	obj. indireto	adj. adverbial

imagine que o **sujeito**, o termo mais próximo do verbo, corresponde a uma **linha vertical**, perpendicular ao plano. A partir daí, os demais elementos serão vistos como progressivas quedas desta linha em direção ao plano. Os bons professores explicavam isso colocando um lápis na vertical, formando um ângulo de 90° com a mesa: esse é o **sujeito**. Inclinando o lápis 25°, temos o **obj. direto**; mais outro tanto, temos o **obj. indireto**; por último, no fim da frase, temos o **adjunto adverbial**, o elemento mais distante. Partindo, portanto, da posição considerada normal, em **ângulo reto**, cada caso representava uma **queda** dessa linha – e por isso a gramática latina escolheu o termo *casus*, que vem de *cadere* ("cair"). A enumeração das várias formas de um vocábulo, em todos os seus casos, era chamada de *declinatio* ("declinação"), que os latinos foram buscar nos gramáticos gregos, que usavam, para descrever o mesmo fenômeno, o termo *klinein* ("inclinar-se"). Tudo, portanto, joga com essa diferença entre o lápis **ereto** e o lápis **progressivamente inclinado**: o **sujeito** é o **caso reto**, e todos os demais são os **casos oblíquos**.

Embora a estrutura de nosso idioma seja diferente da estrutura do Latim, as primeiras gramáticas do Português mantiveram essa denominação de **casos**, especialmente com relação aos pronomes. Por isso falamos, até hoje, em **pronomes pessoais retos** e **oblíquos**, quando muito melhor seria chamá-los de **pronomes pessoais sujeito** e **pronomes pessoais não-sujeito** (os demais casos). Isso ajudaria muito o nosso aluno a compreender por que a 1ª pessoa do singular, por exemplo, tem três formas – **eu**, **me** e **mim** – e por que devemos escolher a forma adequada para representar determinada função sintática.

Colocação do pronome

Ao contrário do que a maioria das gramáticas afirma, o brasileiro sempre prefere colocar o pronome oblíquo **antes** do verbo.

Professor, uma de minhas dúvidas mais frequentes é sobre a posição do pronome: quando usar antes e quando usar depois do verbo? Por exemplo, vejo que o senhor escreveu "uma vida toda como professor de Português me deu...", enquanto eu escreveria deu-me. Por favor, explique-me (ou me explique) o mistério desse tipo de construção.

Viviane – Bibliotecária – Cuiabá (MT)

Prezada Viviane, em princípio, usamos (no Português Brasileiro) **sempre** o pronome oblíquo **antes** do verbo (próclise), a não ser nos casos em que o verbo inicie a frase (o que deixaria, é óbvio, o pronome na cabeça da frase). Por isso, você deve preferir "o livro **se encontra**", "todos **me esperavam**, "eu **me confundo**" – e assim por diante. Tome cuidado, no entanto, com um detalhe importantíssimo: a maioria das regras de colocação do pronome que vamos encontrar nas gramáticas veio de **Portugal**, país em que nossa língua tem uma pronúncia diversa da que se desenvolveu aqui no Brasil. Bem fez a editora Nova Fronteira, que encomendou a ***Nova Gramática do Português Contemporâneo*** a um brasileiro (Celso Cunha) e a um português (Lindley Cintra), a quatro mãos. Não é por nada que, no capítulo sobre a colocação do pronome, eles façam recomendações substancialmente diferentes.

a colocação "brasileira" do pronome

*Professor Moreno, fiquei espantado com a sua afirmação de que nós, no Brasil, sempre preferiríamos usar o pronome oblíquo **antes** do verbo. Na verdade, fiquei mesmo é confuso, pois eu tinha aprendido que a posição normal dos pronomes oblíquos átonos é **depois** do verbo (**ênclise**); a próclise só seria usada* *quando justificada por vários (o senhor bem os conhece) motivos. Além disso, também sabia que não existe **língua brasileira**; na verdade, a "nossa" língua é apenas uma variação da língua portuguesa, sem no entanto haver diferenças nas regras. E agora?*

Paulo César – Fortaleza (CE)

Meu caro Paulo César, confusas estão as nossas pobres gramáticas, que, com honrosas exceções, reproduzem ingenuamente as regras de colocação usadas em Portugal. Você tem razão em dizer que todos os países lusófonos utilizam o Português, mas temos de distinguir, para fins de estudo sério, o **PE** (Português Europeu), o **PB** (Português Brasileiro) e o **PA** (Português Africano) – da mesma forma que se faz com o Inglês (britânico, americano, australiano, etc.).

A colocação do pronome oblíquo átono é uma das claras diferenças entre Brasil e Portugal: enquanto os **portugueses** vivem usando a **ênclise** (para eles, os casos de próclise precisam ser motivados objetivamente), os **brasileiros** só usam a **próclise**, até mesmo no início da frase – o que exige aquela regrinha indispensável para quem ensina escrita culta: "não se inicia frase com pronome oblíquo" – isso para nós, é claro, simples mortais, porque os escritores já o fazem desde a Semana de Arte Moderna de 22. Você jamais vai ouvir (e a fala precede a escrita, não se esqueça...) um brasileiro correr atrás de sua amada dizendo "**Espera-me**! **Ouve-me**! **Amo-te**!". Essa diferença entre nós e nossos irmãos lusitanos, neste caso específico, é devida exclusivamente à realização fonológica do pronome; em Portugal, diferentemente daqui, a vogal final se reduz tanto que o pronome praticamente se limita à consoante. O **te** de **devo-te** é realizado como um /**t'**/ – o que nos permite entender por que a preferência lusa recai em /**devot'**/, e não, como no Brasil, /**tidevo**/.

Exatamente por essa diferença prosódica, nós, brasileiros, preferimos a **próclise** em qualquer situação; só não a utilizamos no início da frase porque há uma regra que o proíbe expressamente (regra que não é observada na fala, em que só se ouve "**te vi, me encontra, nos viram, me pegaram**")*.

Se você for, como parece, um interessado em gramáticas, vai ver que elas apresentam uma fantástica teoria para os casos de próclise, detalhando "regras" e mais "regras" para o seu emprego. Havia alguns birutas que falavam até na "**atração**" que algumas palavras exerceriam sobre os pronomes! Eu próprio, pequenino, lembro de perguntar à professora se tal palavra atraía ou não o pronome, e ela respondia que sim ou que não, compenetrada, honestamente acreditando naquela baboseira! Ora, se você somar todos os "casos que exigem próclise", como se diz por aí (em frase negativa, em frase interrogativa, em orações subordinadas, com o sujeito expresso, etc., etc.), vai ver que não sobra nada – exceto aquela já referida estrutura em que a frase inicia pelo verbo – "**devo-te**", "**espera-me**". E, ainda assim, insistem em afirmar que a posição **normal** do pronome é a **ênclise**? Dá para enxergar o equívoco? Eles não perceberam que trocamos de hemisfério e que, consequentemente, certas verdades precisam ser adaptadas. A água que escoa no ralo da banheira, em

Portugal, gira para a esquerda; a nossa, gira no sentido do relógio. Um livro de Física, para ser utilizado aqui e lá, precisaria fazer essa indispensável adaptação. Uma gramática também.

* Aqui, em notinha reservada: é daí que vem o **mifo**, **sifo**, **nusfo** (que pronunciamos /mífu/, /sífu/, /núsfu/ e que todos sabemos muito bem o que querem dizer...).

mesóclise?

O Professor explica como se formou o futuro no Português e por que a famigerada **mesóclise** não passa de uma ilusão de óptica.

*Prezado Professor, estou estudando para um concurso muito importante na minha carreira e empaquei no problema da **mesóclise**. Eu tinha aprendido que sempre se usa mesóclise com o futuro, mas não me parece mal escrever "Amanhã **lhe devolverei** o documento". Pode ser assim mesmo, ou "Amanhã **devolver-lhe-ei** o documento" fica melhor?*

Marcelino D. – São Paulo (SP)

Meu caro Marcelino, esta é uma pergunta que não pode ser respondida de bate-pronto; a colocação dos pronomes, que deveria ser simples e instintiva, foi prejudicada por uma série de mal-entendidos que fizeram carreira por aí e que preciso desfazer antes de começar minha explicação.

Os pronomes oblíquos átonos – **me**, **te**, **o**, **se**, **lhe**, **nos**, etc. – não são vocábulos **independentes**. Eles só podem ser usados **junto ao verbo** (ou imediatamente **antes**, ou imediatamente **depois**). Se ele estiver **antes**, dizemos que está em **próclise**; se estiver **depois**, dizemos que está em **ênclise**. Um grande problema para quem escreve é decidir corretamente quando usar a **próclise** ou quando usar a **ênclise** (vamos deixar a **mesóclise** para depois).

Quando falamos, eu e você colocamos com naturalidade o pronome na frase. Quando escrevemos, contudo, devemos obedecer a certas regras tradicionais que contrariam, muitas vezes, nossa fala espontânea. Este é o caso, principalmente, do emprego de pronome **no início de frase**: apesar de ser esta uma posição normal no Português do Brasil, é ainda condenada pelos gramáticos tradicionais, que tomam por base antigos preceitos dos autores portugueses. Mário de Andrade usa, Drummond usa, Paulo Francis usa, Vinícius usa – mas se você quiser usar, meu caro Marcelino, é bom avaliar bem o contexto e o ambiente. Em provas de concurso, em documentos jurídicos, etc., evite, para não criar polêmica. Para ser feliz, siga o **princípio de ouro**: use a próclise **sempre**; você só vai usar a **ênclise** quando a frase começar pelo **verbo**. Neste caso, não haveria outra escolha, pois você não pode iniciar a frase pelo pronome: "**Entrega**-me a pistola", "**Devo**-lhe a vida", e não "*Me entrega a pistola", "*Lhe devo a vida".

Não esqueci, Marcelino, que sua pergunta foi sobre a **mesóclise**, e a ela vamos dedicar nossa atenção, agora que ficou mais claro o uso da **próclise** e da **ênclise.** Como você mesmo afirmou, a ocorrência deste fenômeno estaria ligada ao **futuro do presente** – e já vamos ver por quê. Estudos atualizados mostram que este tempo funciona, na verdade, como uma **locução verbal disfarçada**. Como herança do Latim tardio, que substituiu a forma única do futuro por uma locução (*amare habeo*), nosso futuro, que à primeira vista parece ser uma forma **una**, na verdade é uma **locução invertida**, com o auxiliar **haver** deslocado para a direita:

> eu **hei de comprar** > **comprar hei**
> tu **hás de comprar** > **comprar hás**
> ele **há de comprar** > **comprar há**

Como nosso sistema ortográfico não admite o "**H**" interno, vamos suprimi-lo e pimba! Lá estão nossos conhecidos **comprarei, comprarás, comprará**! O que parecia ser uma forma verbal simples é, na verdade, uma **forma composta** (comprar+ei, comprar+ás, comprar+á). Desse modo, uma forma como **compraremos** deve ser encarada como um **vocábulo composto**, do tipo de **girassol, passatempo**, etc.; a partir de agora, sempre que você vir um verbo no futuro, poderá enxergar os **dois verbos** que ali estão combinados.

Na frase **nós o encontraremos amanhã**, o pronome **O** está na **posição normal**, que é, como vimos, a **próclise**. Se retirássemos o **nós** da frase, contudo, ele já não mais poderia ficar ali, porque estaríamos rompendo o princípio básico: **não se inicia frase com pronome oblíquo** – o que nos leva à outra opção possível, que é a **ênclise**. No entanto, acabamos de ver que **encontraremos** é um **conjunto de verbos**: **encontrar+(h)emos**. Para colocar o pronome em **ênclise**, vamos ter de executar alguns passos ordenados:

1º passo – afastar o verbo auxiliar: **encontrar [emos]**;
2º passo – colocar o pronome em ênclise ao **encontrar**: **encontrá-lo**;
3º passo – recolocar o verbo auxiliar: **encontrá-lo-emos**.

Neste momento, ao ver uma forma como **encontrá-lo-emos**, os nativos costumam se jogar de joelhos ao chão, exclamando, com respeito quase sagrado: "Mesóclise, mesóclise!". Não é, não, como você agora sabe: é apenas a ênclise ao futuro. Como a gramática tradicional acreditava que o pronome, neste caso, estava no **meio do verbo** (na verdade, ele está **entre dois verbos**), batizou o fenômeno de **mesóclise** (onde **meso** = meio). Na frase que você menciona, "Amanhã **lhe devolverei** o documento", o pronome está corretamente colocado em próclise, como deve ser em qualquer frase normal do Português Brasileiro. Se, no entanto, deslocarmos o advérbio **amanhã** para depois de **documento**, a frase deveria ser reescrita, ficando "**Devolver-lhe-**ei o documento amanhã". Antes estava em **próclise** ao verbo **devolver**; agora está em **ênclise** ao mesmo verbo **devolver**. Você pode continuar chamando isso de **mesóclise**, se quiser, mas agora sabe realmente do que se trata.

pronome solto entre dois verbos

As regras de colocação do pronome não passam de uma invenção reacionária de alguns gramáticos brasileiros.

*Prezado Professor, faço correção de textos e gostaria de receber resposta sobre a seguinte questão: é necessário empregar o hífen em "**tendo-se tornado**"* *um líder", ou posso escrever "**tendo se tornado**", sem o hífen?*

Maria Madalena – Belém (PA)

Minha cara Maria, a sua dúvida bate exatamente em cima de um dos pontos que distinguem o **PB** (Português Brasileiro) do **PE** (Português Europeu). Nossos gramáticos mais reacionários exigem o hífen em frases como essa; dizem que o pronome oblíquo não pode ficar **solto** entre os dois verbos da locução, mas deve estar em **ênclise** ao primeiro verbo. Segundo a óptica deles, deveríamos escrever **pode-se ver** (e não **pode se ver**), **vou-te contar** (e não **vou te contar**).

É incrível, no entanto, a miopia desses "entendidos": eles simplesmente não percebem que esse preceito tem clara origem em Portugal, onde a pronúncia (e consequente colocação) dos oblíquos é completamente diversa da nossa, que usamos **vou te dizer**, **quero te avisar**, **estou te chamando**, **tinhas me avisado**. Na sua cegueira, chegam ao cúmulo de **acusar** (!) de "brasileira" essa colocação do pronome entre os dois verbos da locução, esquecendo-se, talvez, do país em que ganham seu pão... No fundo, o que eles estão dizendo nas nossas barbas é uma verdadeira pérola: "Onde é que se viu escrever como brasileiro fala? Escreve-se é como fala o português".

Todavia, como o Brasil também tem seus bons cérebros, toda essa bobagem de colocação do pronome vem sendo contestada pelos melhores autores do século XX, entre eles gigantes como Said Ali e Antenor Nascentes. É de autoria deste último, aliás, o belo trecho sempre citado por meu mestre Celso Pedro Luft:

"O caso da colocação dos pronomes pessoais oblíquos é invenção dos gramáticos brasileiros. Em todas as línguas os pronomes têm sua colocação natural, que se aprende desde o berço; ninguém precisa na escola fazer aprendizagem especial de colocação de pronomes.

Foi isto o que claramente enunciou Silva Ramos ao dizer que não sabia como se colocavam os pronomes, 'pela razão muito natural de que não sou eu quem os coloca; eles é que se colocam por si mesmos, e onde caem, aí ficam' (*Pela vida fora*, p. 119).

Todas as colocações, menos aquelas que aberrarem do bom senso, tornando a frase ininteligível, são pois aceitáveis.

Esta questão começou na segunda metade do século XIX. Havendo críticos portugueses estranhado colocações nossas, diferentes das suas, alguns escritores nossos, para fugir a censuras, começaram a pugnar pela colocação à moda portuguesa, considerando errada a colocação natural dos brasileiros. Chegou-se a escrever sobre o assunto um livro de centenas de páginas!" (Antenor Nascentes – **O Idioma Nacional na Escola Secundária** –1936).

No entanto, Maria, como você faz correção de textos, forçosamente algumas das pessoas que vão examinar seu trabalho foram formadas pelas delirantes "regras de colocação do pronome", sem nunca ter lido esta página, ou Antenor Nascentes, ou Said Ali, ou Celso Pedro Luft. Recomendo-lhe, portanto, cautela e caldo de galinha. Se você usar "**tendo se tornado**" (que eu prefiro), estará sujeita a enfrentar a censura de quem sabe menos do que você, mas de cuja avaliação depende o seu sucesso; por isso, tape o nariz e use "**tendo-se tornado**". Eu próprio, quando não quero me incomodar (olha só: "quero **me** incomodar"), capitulo e recorro a uma das duas posições "aceitáveis" do pronome: "**quero incomodar-me**" (a menos antipática) ou a esquisita "**quero-me incomodar**". Contudo, noto, com orgulho, que essa covardia tem sido cada vez menos frequente no que escrevo.

mesmo

Evite esse mau hábito, tão feio quanto pôr o dedo no nariz.

*Prezado Professor, é comum, nos prédios de São Paulo, depararmos com uma placa nos elevadores com a seguinte inscrição: "Antes de entrar no elevador, verifique se o **mesmo** encontra-se parado neste andar". Está correto o uso da palavra **mesmo** como substituto do termo "elevador", uma vez que se trata de redação oficial de órgão legislativo?*

Cláudia W. – São Paulo (SP)

Prezada Cláudia, errado não está, mas concordo com você: é um Português pedestre. Dos muitos recursos que nosso idioma oferece para a **anáfora** (referência a algo que já foi mencionado anteriormente – no caso, o **elevador**), esse emprego do **mesmo** é talvez o mais pobre e mais confuso. Por que não escrever, em bom vernáculo, "Antes de entrar no elevador, verifique se **ele** se encontra parado neste andar"? Será que o ouvido da sumidade que redigiu esse texto estranhou a sequência **se ele se**? Nessa hipótese, nosso legislador teria um ouvido mais sensível (não parece ser o caso...) que o de Machado de Assis e de Eça de Queirós: "A mãe, **se ele se** demorar muito" (***Memorial de Aires***); "Não sei **se ele se** terá lembrado e cumprido a promessa que me fez" (***Helena***); "afiançaram-lhe todo o apoio de gente, de dinheiro e influência na corte, **se ele se** pusesse à testa de outro movimento" (***O Alienista***); "Pergunte-lhe **se ele se** confessa há seis anos, e peça-lhe os bilhetes da confissão!" (***O Crime do Padre Amaro***); etc. Para evitar o que não deveria ter evitado, terminou jogando aquele "mesmo" sobre os indefesos usuários dos elevadores.

O velho Napoleão Mendes de Almeida, às vezes tão sábio, às vezes tão equivocado, tem verdadeira ojeriza a esta forma, que combate com fina ironia, ao propor que se troque por **mesma** o pronome pessoal **ela** na primeira estrofe do famoso soneto de Camões sobre Jacó e Raquel, que ficaria assim:

Sete anos de pastor Jacó servia
Labão, pai de Raquel serrana bela,
Mas não servia ao pai, servia à **mesma**,
Que a **mesma** só por prêmio pretendia.
Que tal?

O **eu** pode vir primeiro?

> Quando faço parte de uma relação, está correto colocar o **eu** em primeiro lugar? "**Eu**, Fulano e Beltrano" ou "Fulano, Beltrano e **Eu**"?

*Prezado Professor, conversando com amigos, fiz a seguinte afirmação: "**Eu**, Fulano e Beltrano comemoramos aniversário no mesmo dia". Fui corrigido, com a afirmação de que deveria colocar o **eu** no **final** da oração ("Fulano, Beltrano e **eu**"). Existe uma ordem correta?*

F. Malaco – Santos (SP)

Meu caro Malaco: aqui não existe **certo** ou **errado**. O que temos é uma **convenção** de educação (tipo aquela de deixar os mais velhos entrarem primeiro, ou a de oferecer o lugar no ônibus às damas): quando falamos de alguma coisa **ruim**, colocamos educadamente o **eu** antes do resto ("**Eu**, Fulano e Beltrano fomos considerados culpados pela invasão da Reitoria"); quando falamos de alguma coisa **boa**, é de bom-tom deixar o **eu** para o fim ("Fulano, Beltrano e **eu** fomos premiados no concurso"). São regras de **urbanidade**, não regras gramaticais, que vão ser seguidas por aqueles que quiserem ser polidos. O exemplo que você menciona é particularmente neutro (não é do bem, nem do mal); nesse caso, você pode usar como quiser, e não tinham razão aqueles que chamaram sua atenção.

emprego do **lhe**

Por que certos verbos não aceitam o pronome **lhe** como objeto indireto? O Professor explica que **não** são exceções.

*Caro Professor, minha dúvida é a respeito do uso do pronome oblíquo **lhe** com determinados verbos. Consultei várias gramáticas e todas afirmam que os verbos **assistir**, **visar** e **aspirar**, quando transitivos indiretos, não aceitam o pronome oblíquo **lhe**, mas sim os complementos **a ele**, **a ela**, **a eles**, **a elas**. Sinceramente não compreendo o motivo de tal regra, já que com a maioria dos verbos transitivos indiretos se usa normalmente o pronome **lhe**. Gostaria de esclarecimentos a esse respeito. Desde já, agradeço.*

Marcelo Esteves M. – São Paulo (SP)

Meu caro Marcelo, acontece que você acaba de esbarrar em mais um daqueles recifes em que os gramáticos tradicionais costumam naufragar: eles apenas relacionam os **fatos** (o pronome **lhe** não pode ser usado com os verbos **assistir**, **visar** e **aspirar** – o que é verdade) sem explicar **por que** é assim. Essa deficiência dos gramáticos que se formaram antes dos anos 60 é a maior responsável pela opinião, infelizmente generalizada, de que o Português é uma língua complicada, "cheia de regrinhas", "repleta de exceções". Eles até hoje dominam o mundo editorial (principalmente dos livros didáticos), e o nosso pobre país sofre com isso.

No entanto, a explicação é simplíssima: o **lhe** (representante do **objeto indireto**) não é um pronome de

uso universal, como é o caso do seu parceiro **o** (representante do **objeto direto**). Ele tem uma importantíssima restrição de seleção: só pode ser usado **com referência a pessoas** (em linguagem mais técnica, diríamos "com substantivos **humanos**") – da mesma forma que o pronome relativo **quem**. Se o antecedente destes dois pronomes não tiver o traço **humano**, seu emprego fica bloqueado. Ora, esses três verbos que você destacou (**assistir**, **visar** e **aspirar**) nunca têm objeto indireto de pessoa: eu aspiro **ao cargo**, aspiro **à vaga**, aspiro **ao posto**, mas não posso *aspirar a alguém – o que elimina, aqui, o uso do **lhe**.

Nesses casos, o objeto indireto é representado pelo pronome oblíquo tônico (acompanhado de sua respectiva preposição): **a ele**, **a ela**, etc. Para deixar mais claro o que estou tentando explicar, peço-lhe que compare as seis frases abaixo:

1. Obedeço **ao professor**.
2. Obedeço **a ele**.
3. Obedeço-**lhe**.
4. Obedeço **ao governo**.
5. Obedeço **a ele**.
*6. Obedeço-**lhe**.

Pois a (2) e a (3) são frases sinônimas, e o falante pode decidir livremente se quer substituir o objeto indireto **ao professor** pelo oblíquo tônico (**a ele**) ou pelo átono (**lhe**). A frase (6), contudo, é considerada agramatical, embora pareça idêntica à (3): é que o objeto indireto, aqui, não é uma pessoa, e o falante só pode substituir **ao governo** por **a ele**. Como você pode ver, é o sistema do nosso idioma funcionando como um reloginho, e não um punhado de "casos especiais", como nos fazem crer muitas vezes.

O **lhe** é só para humanos?

Nem sempre o **lhe** vai representar o **objeto indireto**; às vezes ele é um simples **adjunto adnominal**.

*Professor, li um artigo seu em que explica que o pronome **lhe** só pode ser usado para representar seres humanos. No entanto, em outro de seus textos, encontrei um trecho em que o senhor usa um **lhe** relacionado ao substantivo "língua" – que não me parece preencher aquele requisito. Gostaria que me dissesse se está certo. O trecho de que falo é o seguinte:*

"Por uma dessas regras obscuras do Universo, quanto pior uma pessoa fala a língua portuguesa, mais ferozmente se põe a criticá-la, a apontar-lhe defeitos e (atrevimento típico da ignorância) a sugerir profundas alterações que tornariam 'melhor' a língua de Vieira e de Machado..."

Ramon – Paranaguá (PR)

Meu caro Ramon, eu poderia dar uma de seboso e responder "se eu usei, é claro que deve estar certo". Não faço isso porque já dei muita tropeçada ao escrever, como qualquer mortal. No entanto, desta vez eu acho que estou certo. Vejamos:

O **lhe** como **objeto indireto** só pode ser usado para seres humanos – essa é uma verdade indiscutível.

Acontece que você, com um olho clínico, foi pescar justamente um **lhe** diferente, bastante raro: trata-se daquele caso pouco conhecido em que o pronome oblíquo (**me**, **te**, **lhe**, **nos**) é usado como substituto de um **pronome possessivo**: "Bateram-**me** a carteira" = bateram **minha** carteira; "Beijo-**lhe** as mãos, senhora" = beijo **suas** mãos. Na minha frase, "...a língua portuguesa, mais ferozmente se põe a criticá-la, a apontar-**lhe** defeitos", o verbo **apontar** é um transitivo **direto**, o que tornaria completamente esquisita a presença do **lhe** – não fosse ele apenas uma forma clássica de dizer "apontar **seus** defeitos".

Ao que parece, esta estrutura escapa da restrição que exige o traço +**humano** para o emprego do **lhe** – ao menos a frase passou pelo filtro do meu ouvido, que não registrou estranheza nenhuma, o que é significativo: como me ensinou meu mestre Luft, todos os falantes têm sua porção de intuição linguística, mas os professores de Português, pela própria atividade, têm essa intuição mais apurada que os demais (assim como um músico amigo meu se recusa a ouvir gravações em CD porque afirma que elas perdem uma parte dos graves e dos agudos – coisa que eu, é claro, jamais vou perceber).

o ou lhe

Veja o novo uso que vem sendo dado, pouco a pouco, ao famigerado pronome **lhe**.

Doutor Moreno, sou professora de Alemão e estou com uma enorme dúvida na gramática portuguesa, com relação ao verbo **conhecer**. *Quando eu converso com uma pessoa e quero dizer que a conheço, qual é a forma correta: "Eu* **lhe** *conheço" ou "Eu* **a** *conheço"? Existe uma variação do pronome em relação ao tratamento formal? Muito obrigada!*

I. Schwarz

Minha cara I., a sua "enorme" dúvida é bem pequenina... O verbo **conhecer** é um transitivo direto, e, portanto, recebe o pronome oblíquo "**o**": "Eu **o** conheço" (homem), "Eu **a** conheço" (mulher). É claro que estamos falando do registro culto, onde "**o**" representa especificamente **objetos diretos**, enquanto "**lhe**" representa objetos indiretos.

No registro popular, no entanto, onde não existe essa consciência da sintaxe (e alguém lá vai saber o que é objeto direto ou indireto?), é natural que o uso desses pronomes tenha sofrido uma enorme alteração. Em primeiro lugar, o Português falado no Brasil simplesmente eliminou o pronome "**o**", passando-se a usar "**ele**" como complemento de verbos transitivos diretos: "Eu vi **ele**", "Encontrei **ela**", etc., prática ainda inaceitável na linguagem culta. Em segundo lugar, o "**lhe**" desvinculou-se totalmente de sua função sintática original e passou a ser empregado apenas como **forma respeitosa** de tratamento. Enquanto se usa "eu **te** conheço", "eu **te** vi" para uma pessoa íntima, prefere-se "eu **lhe** conheço", "eu **lhe** vi" para uma pessoa de maior hierarquia ou cerimônia – outra prática ainda considerada inaceitável no registro culto, que aqui exigiria "eu **o** conheço", "eu **o** vi".

Se eu estivesse ensinando um estrangeiro a **es-**

crever Português, eu insistiria na distinção sintática entre "**o**" e "**lhe**"; no entanto, se eu o estivesse ensinando a **falar**, com certeza eu o acostumaria a alternar entre o "**te**" (para os mais próximos) e o "**lhe**" (para os de maior cerimônia), de acordo com a menor ou maior formalidade da situação, porque assim ele estaria perfeitamente integrado com a fala do PBrasileiro.

para **mim** comprar

O Professor não cansa de dizer que, em Português, nem tudo o que reluz é ouro, nem tudo o que balança cai. O uso do pronome oblíquo só vem confirmar essas verdades.

*Fui criticado por usar o pronome **mim** supostamente de maneira errada! Eu disse **era para mim comprar**. Agradeço sua ajuda em me orientar corretamente.*

Marcos de Sousa

Meu caro Marcos, infelizmente você errou, e bem erradinho. Quando nós, falantes do Português, queremos representar o **sujeito** por um pronome, usamos o caso **reto** (**eu**, **tu**, **ele**, etc.). Os pronomes oblíquos tônicos (**mim**, **ti**, etc.) são usados como **objetos**, sempre após uma preposição (**de** mim, **sem** mim, **por** mim, **para** mim, etc.). Como se vê, a distinção é bem nítida.

Contudo, na construção "Era para **X** comprar", o pronome que entrar no lugar de **X**, ao mesmo tempo, (1) é **sujeito** de **comprar** e (2) vem depois da preposição **para**. Em outras palavras: se seguirmos o princípio de que os sujeitos devem ser representados por pronome reto, a escolha é **eu**; se seguirmos o princípio de que usamos pronomes oblíquos tônicos após preposição, a escolha é **mim**. A solução é simples: a regra do sujeito tem absoluta precedência sobre a regra da preposição, que só vai agir quando a primeira não estiver vigente: "Ele comprou isso **para mim**", mas "Era para **eu** (sujeito) **comprar**" ; "Vocês não vão começar **sem mim**", mas "Vocês não vão começar sem **eu** (sujeito) chegar".

*É possível que a frase "É importante **para mim** saber a verdade" esteja correta, como o professor de minha filha afirmou em aula? Afinal, antes de verbo não se usa sempre **eu**?*

Magda Beatriz

Minha prezada Magda Beatriz, esta é realmente a forma correta da frase: "É importante **para mim saber a verdade**". **Se o pronome fosse o sujeito do verbo saber, teríamos de substituí-lo pelo pronome reto, eu** – o que não é o caso. A possibilidade de livre mudança na ordem ("Saber a verdade é importante **para mim**", ou "**Para mim**, é importante saber a verdade") mostra que essa não é aquela famosa estrutura "**Isso veio para eu fazer**". Essa frase, aliás, ficaria bem mais fácil de entender se usássemos vírgulas (que aqui, como você sabe, são opcionais): "É importante, **para mim**, saber a verdade".

Uma frase muito parecida com essa que você enviou causou muita discussão aqui em Porto Alegre, nas últimas eleições: um comercial de TV incentivava o voto consciente com a frase "**Pra mim escolher candidato é que nem escolher feijão**". Vários leitores escreveram para dizer que a forma correta seria "Para **eu** escolher candidato, é como escolher feijão". Ironicamente, a frase veiculada na campanha estava correta; errada era a alteração sugerida. Poderíamos discutir se é adequado, ou não, o emprego informal do "**pra**" e do "**que nem**" numa campanha institucional; a pontuação também merece reparo, pois, como você viu acima, a frase ficaria bem melhor com vírgulas: "**Para mim, escolher candidato é como escolher feijão**". Agora, do ponto de vista da sintaxe dos pronomes, somos obrigados a reconhecer que o uso do oblíquo **mim** está perfeito.

Esses leitores que reclamaram deviam estar fazendo o mesmo raciocínio que você fez: o pronome está antes do verbo... Sei de onde vem esse equívoco: nos manuais e livros didáticos de pouca ciência – infelizmente, a maioria dos que se vendem por aí –, difunde-se essa lenda, disfarçada de regra, de que **antes de verbo no infinitivo** devemos usar sempre o pronome reto: "Isso veio para **eu fazer**", "Ele disse que é para **eu levar** os ingressos". Ora, nesses exemplos usamos o pronome reto não por estar **antes de verbo**, mas **por ser sujeito** desses verbos. Na frase injustamente condenada, **mim** está antes do verbo **escolher**, mas não é o seu sujeito; isso pode ser facilmente verificado se (1) alterarmos a ordem para "Escolher candidato, **para mim**, é como escolher feijão", ou (2) trocarmos **mim** por **nós** – neste caso, o verbo continua na forma em que está, o que não poderia ocorrer se **nós** fosse o seu sujeito: "**para nós, escolher** candidato é como escolher feijão" (e não ***escolhermos**). É isso, Magda; você pode confiar no professor de sua filha, porque ele parece estar fazendo um bom trabalho.

Curtas

em memória de mim

> Jonas Torres diz estranhar uma construção usada por várias igrejas cristãs: **Fazei isto em memória de mim**. Acrescenta: "Antigamente se dizia **fazei isto em minha memória**. Qual das duas estaria mais correta?".

Meu caro Jonas: eu fico com a forma antiga, mil vezes: "Fazei isso em **minha** memória". Contudo, se foi alterado, posso imaginar por quê: **minha memória**, principalmente para pessoas de pouca instrução, é uma expressão ambígua, pois pode ser interpretada como "a memória que vocês terão de mim" (que é a intenção original), ou "a memória que eu tenho das coisas, na minha mente". Usando o desajeitado **memória de mim** (construído no molde de **medo de mim**, **respeito por mim**, **amor a mim**), o texto ficou inegavelmente mais claro. Às vezes temos de sacrificar o estilo, Jonas, para garantir a eficácia da comunicação. É pena, mas é necessário.

convidamos-lhes

> Pedro da Gama pergunta se a forma "**Convidamos-lhes** para o evento" está correta. Acrescenta: "Todos a quem perguntei me disseram que não, sugerindo **Os convidamos**, **Convidamo-lhes** e até **Lhes convidamos**. Qual delas eu uso?".

Caro Pedro, se é um convite formal, escrito dentro dos "conformes", a forma correta seria **convidamo-los** – combinação formada por **convidamos** e pelo pronome

os, usado encliticamente. Apesar do **lhes** soar muito melhor, o verbo **convidar** é **transitivo direto** e só pode ser completado pelo pronome **o**. A forma "**O convidamos**" não é aceitável no Português formal por trazer o pronome oblíquo no início da frase.

ambiguidade no pronome oblíquo

> Nelma D., de Blumenau, considera que a frase "Matar o vigia do banco para assaltá-lo" dá margem a dupla interpretação.
>
> Seu professor, contudo, diz que a interpretação única é "matar o vigia para então assaltá-lo" (matar o vigia para subtrair-lhe os pertences – latrocínio). Quem está certo?

Prezada Nelma, você é que está com a razão. Basta comparar estas três versões: (1) "Matar o **vigia** da **loja** para assaltá-**la**" (assaltar **a loja**), (2) "Matar o **vigia** da **loja** para assaltá-**lo**" (assaltar **o vigia**) e (3) "Matar o **vigia** do **banco** para assaltá-**lo**" (ambígua; o pronome pode referir-se tanto a vigia quanto a banco).

casar, casar-se

> A leitora Natália, de São Paulo, quer saber se a forma correta é "Ela **casou** com o homem" ou "Ela **se casou** com o homem". Acrescenta: "Procurei e encontrei as duas formas. É isso mesmo?".

Sim, minha cara Natália, são frases do mesmo tipo de "ele **sentou** na cadeira" e "ele **se sentou** na cadeira". **Sentar** e **casar** são verbos que podem (ou não) ser usados pronominalmente, sem que esse pronome tenha função sintática (é chamado, por isso, de **partícula expletiva**).

nesta

> Valene O. quer esclarecer uma dúvida que surgiu em sua empresa: quando escrevemos, no endereçamento de uma carta comercial, "À Empresa X. **Nesta**.", a palavra **nesta** significa "nesta empresa" ou "nesta correspondência"?

Prezada Valene, **nesta**, em correspondência, significa "Nesta Cidade". Quando queremos nos referir a um âmbito mais limitado, temos de especificar: "Nesta Universidade", "Nesta Administração", etc.

cabe a **mim** tomar

> Uma leitora com o apelido eletrônico de "veduchovny" diz que ficou angustiada ao ouvir seu professor dizer "Cabe a **mim** tomar uma atitude". Ela pergunta: nesse caso, **mim** toma atitude ou não toma?

Prezada Veduchovny, a frase "Cabe **a mim** tomar uma atitude" está correta. Note que ela poderia ser invertida: "Tomar uma atitude cabe **a mim**", ou "**A mim**, cabe tomar uma atitude". Isso demonstra que aquele pronome **mim** não é o sujeito do verbo **tomar** e não deve, por isso, ser substituído por **eu**.

mo, lho

> Josiane, uma leitora de Girona, na Espanha, quer saber se podemos substituir, ao mesmo tempo, dois objetos por pronomes oblíquos, à semelhança do que é comum

no Espanhol: "Ele deu **o livro a Joana**", em castelhano, seria "Él **se lo** dio". E no Brasil? "Ele **lhe** deu o livro"?

Minha cara Josiane, o Português tinha uma forma de unir os dois pronomes oblíquos que os autores mais conservadores usaram na literatura até meados do século XX: "Eu entreguei o livro a João = eu **lho** entreguei". "Deram-me a notícia = Deram-**ma**". Hoje esse processo está morto, mas você pode encontrar referência a ele nas gramáticas. Sua frase "ele deu o livro a Joana" ficaria "ele **lho** deu" (**lhe**, substituindo **Joana** + **o**, representando **o livro**); hoje, no entanto, só admitiríamos a forma que você mesma propôs: "Ele **lhe** deu o livro", ou "Ele **o** deu **a ela**".

pronomes adjetivos e substantivos

Ana Rosa C., de Taubaté (SP), pergunta por que somente os pronomes **adjetivos**, e não os pronomes **substantivos**, podem exercer a função de **adjuntos adnominais**.

Prezada Ana Rosa, não é bem assim como você sugere. Os **pronomes substantivos**, por definição, são aqueles que ocupam a posição de **núcleo** do sintagma, enquanto os **pronomes adjetivos** ficam na posição **periférica**. Um bom lugar para verificar isso é na lista de pronomes demonstrativos: em "**esta** casa", "**aquela** rua", a posição dos pronomes adjetivos **esta** e **aquela** contrasta com a dos pronomes substantivos **aquilo** e **isso** em "estranhei **aquilo**", "**isso** dói". Nas frases citadas, **esta** e **aquela** são **adjuntos adnominais**, enquanto **aquilo** e **isso** são **objeto direto** e **sujeito**, respectivamente.

No entanto, nada impede que **aquilo** e **isso**, por exemplo, venham a desempenhar a função de adjunto adnominal, como em "o cheiro **daquilo**", "o preço **disso**".

3. Regência verbal

Quando entramos em contato com o Latim, nossa língua-mãe, nosso primeiro espanto é ver que a ordem dos elementos na frase é completamente livre, uma vez que as palavras têm terminações diferentes para indicar se estão funcionando como **objeto direto**, **objeto indireto** ou **adjunto adverbial**. O **sujeito**, por exemplo, vai ter uma terminação característica que permite que eu o identifique onde quer que ele esteja – no início, no meio ou no fim da frase. Esse seria um ótimo sistema, se não sobrecarregasse o falante com a gigantesca quantidade de dados morfológicos que ele precisa armazenar. Enquanto nós, brasileiros, precisamos guardar apenas **quatro** formas para **aluno** (singular e plural, masculino e feminino), no Latim devemos estocar na memória quase **vinte** (uma para quando ele for o sujeito, outra para quando ele for o objeto direto, outra para quando ele funcionar como vocativo, e assim por diante – um conjunto completo para o masculino singular, outro para o masculino plural, outro para o feminino singular, outro para o feminino plural). Não é de admirar que a maioria das línguas modernas tenha abandonado esse modelo.

No Português e nas demais línguas latinas existe uma ordem na frase que pode ser considerada **normal**: começamos pelo **sujeito**, acrescentamos o **verbo** e depois, se houver, o **complemento**. Embora haja verbos que **não** precisam de complemento, os famosos verbos **intransitivos** ("Nós voltaremos", "O bebê adormeceu", "Injeção dói"), há verbos que precisam de um complemento que integre o seu significado. Esses são os não menos famosos verbos **transitivos** ("Nós perdemos **a paciência**", "Ele precisa **de tempo**", "Quem abriu **a gaveta?**"); a relação dos transitivos com o seu complemento é o que chamamos habitualmente de **regência**.

De um lado, temos os **transitivos indiretos**, que se ligam a seu complemento (o **objeto indireto**) por meio de uma preposição obrigatória – geralmente **a**, **com**, **de**, **em** e **por**: "Concordo **com todas as cláusulas**", "Obedeça **ao meu comando**", "Desconfiamos **de tanta generosidade**", "Ela confia **naquele trapaceiro**".

Do outro, temos os **transitivos diretos**, que se ligam a um complemento que **não** inicia por preposição, chamado **objeto direto**: "Esperamos **mais eleitores**", "Ela perdeu **duas notas de R$50,00**", "As águas cobriram **metade da cidade**". Os transitivos diretos, além disso, têm uma característica única, que pode ser usada para identificá-los: ao contrário dos demais verbos, estes podem passar para a **voz passiva**: "Metade da cidade **foi coberta** pelas águas", "Duas notas de R$50,00 **foram perdidas** por ela". Se você tentar fazer o mesmo com transitivos indiretos, como "Eu me preocupo **com os pobres**" ou "Ela desconfia **de todos os seus colegas**", vai perceber que é simplesmente impossível.

Normalmente, você sabe se a regência dos verbos que costuma usar é **direta** ou **indireta**; em alguns casos, no entanto, a hesitação é inevitável: o nome **consta na** lista ou **da** lista? Ele assistiu **o** filme ou **ao** filme? Nós presidimos **o** encontro ou **ao** encontro? Ele não lembra **o** nome ou **do** nome? No fundo, não chega a fazer diferença a maneira como você soluciona esses pequeninos dilemas na **fala** de todos os dias; na **escrita**, no entanto, há uma série de cuidados que deverá observar se você é um daqueles que, como eu, sente-se mais confortável agindo conforme aquela etiqueta que chamamos de **norma culta**.

doa **a** quem doer

Um leitor pergunta se o apresentador Bóris Casoy não deveria dizer "doa **EM** quem doer"; o Professor explica que não.

*Caro Professor, uma dúvida: por que o "doa **a** quem doer", como diz o irado Bóris Casoy, não é "doa **em** quem doer"? Afinal, o que dói, dói **em** alguém, e não **a** alguém, não é? Obrigado.*

Tagore

Meu caro Tagore, eu sempre usei e vi "doa **a** quem doer". Todavia, como você levantou a dúvida, fui pesquisar no *Google* (ele pode não ser científico, mas fornece dados que não são de desprezar) e obtive o seguinte (e surpreendente) resultado: aproximadamente 5.700 ocorrências de "doa **a** quem doer" contra apenas míseras 100 ocorrências de "doa **em** quem doer". Acho que não há dúvida sobre qual delas nós devemos usar; no entanto, isso não pode ser apenas uma questão de estatística. Quem trabalha no ramo, sabe: se a diferença entre as duas opções é tão grande, deve estar atuando aí algum princípio do idioma, acima das opiniões individuais. Basta procurar, e vamos encontrar a explicação.

No seu caso, a resposta é muito simples: esta é

uma expressão muito antiga, e o verbo **doer**, como você deve saber, sempre admitiu a preposição "**A**". Você deve conhecer construções como "doeu-**me** ter de fazer isso", "dói-**lhe** a visão da pobreza", etc. – e aí, como podemos ver, o que dói, dói "**A**" alguém. Só muito modernamente começamos a usar (em pouquíssimos casos, aliás) a preposição "**EM**" – até porque, na maioria das frases, usamos **doer** como intransitivo: "meu braço está doendo", "quando a luz aumenta, o olho dói". É um bom exemplo para nos lembrar, Tagore, que nunca – mas nunca, mesmo – vamos descobrir "erros" dentro do que a tradição linguística, inclusive os bons escritores, vem usando há vários séculos. Podemos adotar formas mais modernas, mas não tentar "corrigir" o que nunca esteve errado.

pisar **na** grama

"**Não pise na grama**", diz a tabuleta espalhada pelas praças e pelos parques. É assim mesmo que se deve escrever?

*Professor, tenho uma dúvida cruel; o senhor poderia saná-la? O correto é "não pise **NA** grama" ou "não pise **À** grama"? Muito obrigado pela atenção.*

Marco Alberto G. – Rio Grande (RS)

Meu caro Marco, eu uso "não **pise na** grama"; alguns professores caturras insistem em dizer que o verbo **pisar** é transitivo direto, e o correto seria "não **pise a** grama" (nesse caso, seria sem acento de crase, Marco). Eles estão tentando apenas paralisar a língua na sua evolução. Há mais de cinquenta anos que o uso estabeleceu que também se pode pisar **no tapete**, **na linha amarela**, **no chão de minha terra**. Seria completamente lunático defender, como única forma aceitável, **pisar o tapete**, **a linha amarela** ou **o chão de minha terra**.

Celso Pedro Luft, em seu *Dicionário Prático de Regência Verbal* (Ed. Ática), diz que é normal usar esse **pisar em X** em vez do primitivo **pisar X**, e já era prática comum em autores como Gregório de Matos, Camilo, Castilho, Machado ("por saber **em que** terreno pisa"), Vieira ("pisamos **nessas** sepulturas). Em expressões como **pisar em ovos** ("andar de mansinho, agir com cuidado") ou **pisar nos calos** ("atingir o ponto sensível de alguém"), já nem conseguimos imaginar a construção sem a preposição. Como sempre acontece nesses casos, as duas regências (ambas estão corretas) entram em competição, e o tempo vai dizer qual das duas prevalecerá. Eu não tenho a menor dúvida de que a regência deste verbo está sendo trocada.

preposições juntas

Um leitor estranhou a combinação de duas preposições na frase "chutou **por sobre** o gol"; veja como isso não é tão raro assim.

*Caro Prof. Moreno, outro dia, enquanto assistia a um programa esportivo na televisão, ouvi o narrador dizer "ele chutou **por sobre** o gol". Eu gostaria de uma explicação sobre essa expressão, que julgo estar incorreta. É permitido o uso de **duas preposições juntas**? O que fez aumentar minha dúvida foi o fato de ter encontrado o mesmo "**por sobre**" em alguns* *poemas de autores respeitáveis. Obrigado pela atenção.*

Rafael K. – Miranda (MS)

Meu caro Rafael: não consigo alcançar o motivo por que essa combinação parece incorreta a você; será que alguém andou ensinando por aí que não podem existir duas preposições juntas? Se o fez, fez muito mal, porque esses encontros de preposições, embora restritos a alguns poucos casos, têm muita utilidade e já foram usados por muitos escritores clássicos.

Euclides da Cunha, por exemplo, fala das nuvens que passam "**por sobre** os chapadões desnudos", do valente sertanejo que, "saltando **por sobre** o cadáver da irmã, arroja-se contra o círculo assaltante", do combatente que "distribuía, jogando-os **por sobre** a cerca, cartuchos". **Machado** usa, mas pouco. Em Portugal, **Camilo** também usou: Simão, personagem do *Amor de Perdição*, consegue "saltar ao campo **por sobre** a pedra dum agueiro"; **Eça de Queirós** descreve o som mole de chinelos que se aproximam "**por sobre** o tapete", fala do canto dos muezins "**por sobre** os terraços adormecidos da muçulmana Alexandria" e se encanta com o sol, que, "sereno como um herói que envelhece, descia para o mar **por sobre** as palmeiras de Betânia".

Se **por sobre** é moeda corrente, não é de estranhar que **por sob** também o seja; o desastrado Teodorico, em *A Relíquia*, do mesmo Eça, consegue comover a sua odiosa titia: "E pela vez primeira, depois de cinquenta anos de aridez, uma lágrima breve escorregou no carão da Titi, **por sob** os seus óculos sombrios". O nosso Alencar também usa: "O destemido escudeiro, sem se importar com os outros, mergulhou **por sob** as árvores e apresentou-se arrogante em face do tigre". Friso que não sou daqueles que só aceitam a autoridade dos autores tradicionais e consagrados; estou apresentando esses exemplos para você ver que há muito tempo essas combinações já eram usadas por pessoas que escreviam muito bem.

Posso mencionar ainda **por entre**, **dentre** (de+entre) e **para com**, bastante comuns na escrita culta. Mais interessante ainda é a combinação de **até + a**, uma locução prepositiva usada com a intenção de aclarar o sentido da frase. O vocábulo **até** é um conhecido causador de ambiguidades, já que pode ser entendido ora como **preposição** (o ônibus vai **até** São Paulo; ele chegou **até** o topo do monte), ora como **partícula de inclusão** (todos foram convidados, **até** eu; o cabrito comia de tudo, **até** latas e garrafas plásticas). Em frases como "o incêndio na plantação queimou tudo, **até** o portão", abre-se a possibilidade de dupla interpretação: o fogo chegou até o portão, e aí parou (o **até** é visto como **preposição**), ou o fogo queimou tudo, **inclusive** o portão? Por esse motivo, costuma-se reforçar a preposição **até** com a preposição **a**: "o fogo queimou tudo, **até ao** portão"; dessa forma, fica eliminada a leitura do **até** como **inclusive**.

É claro que o uso desse reforço é **opcional**; lembro apenas que, ao ser usado, pode acontecer um encontro desse **A** com o artigo feminino, produzindo-se o nosso velho fenômeno da crase: "O incêndio na plantação queimou tudo, até **à** cerca", "pintei a sala toda de branco, até **à** porta", "vou amar até **à** morte".

Para concluir, deixo-lhe um exemplo de como a combinação das preposições e a preposição isolada não têm o mesmo valor: compare "O gato pulou **sobre** a mesa" com "O gato pulou **por sobre** a mesa", "Atirei o livro **sobre** a mesa" com "Atirei o livro **por sobre** a mesa". O significado é completamente diferente.

preposições nos sobrenomes

José Silva ou **José da Silva**? Existe alguma regra para o emprego das preposições nos sobrenomes?

*Caro Professor, minha dúvida é sobre o emprego de **preposição** e **conjunção** nos nomes e sobrenomes. Observo que os nomes das famílias **Silva** e **Santos** estão sempre acompanhados de preposição (**da** Silva, **dos** Santos). Examinando os exemplos (1) **José Luís da Silva Lima**, (2) **José Luís Lima da Silva**, (3) **Pedro dos Santos Alencar** e (4) **Pedro Alencar dos Santos**, entendo que a preposição deveria ficar entre o prenome e o nome de família, conforme exemplos (1) e (3). Nos exemplos (2) e (4), caberia o uso da conjunção **E**, ou seja, José Luís de Lima e Silva e Pedro de Alencar e Santos.*

Rita – Teresina (PI)

Minha cara Rita, presumo que você não tenha formação acadêmica em Letras, ou não escreveria "entendo que a preposição **deveria**...". A ninguém – nem a você, nem a mim, nem ao Papa – é dado o direito de entender "como deveria" se comportar a língua. Ela é o que é; nós só podemos nos esforçar para tentar compreendê-la, formulando, a partir dessa observação, as regularidades e os padrões que conseguirmos enxergar.

Não existe um padrão "linguístico" para a utilização das preposições com os sobrenomes; as pesquisas que se fizeram sobre o assunto terminaram batendo em preconceitos e crenças que datam do tempo em que os nobres faziam questão de usar o "**de**", por exemplo, como um símbolo aristocrático. Conheço um **Filipe Oliveira** e um **Filipe de Oliveira**; um **Rafael dos Santos Silva** e um **Rafael Santos da Silva**; nas minhas listas de chamada, já encontrei **Paulo de Sousa Santos**, **Paulo Sousa Santos** e **Paulo Sousa dos Santos**. Se você descobriu alguma regra sobre isso, em algum livro, pode ter certeza de que ele não vale o dinheiro que você pagou por ele.

suicidar-se

Se **suicídio** já quer dizer "matar a si mesmo", não é uma redundância dizer que ele **se suicidou**? E se eu não posso **suicidar-te**, por que preciso dizer **suicidar-me**?

*Caro Professor, sabemos que **suicídio** é o ato de **matar-se**; **suicidar-se** é acabar com a própria vida. Para se evitar uma redundância, qual das expressões deveríamos usar: "**o homem se suicidou**", "**o homem suicidou-se**" ou "**o homem cometeu suicídio**"? Todas estariam corretas? E mais uma coisinha: por que eu preciso dizer **suicidar-me**, se eu não posso **suicidar-te**?.*

Paulo T. – Salvador (BA)

Em primeiro lugar, Paulo, **todas** estão corretas. "O homem **suicidou-se**" e "o homem **se suicidou**" diferem apenas na preferência por usar o pronome **antes** ou **depois** do verbo, mas, no fundo, tanto faz dar na cabeça como na cabeça dar. "Ele **cometeu suicídio**" também é bom Português.

Em segundo lugar, o uso desse "**se**" não é uma redundância, como pode parecer. É verdade que o verbo **suicidar-se** nasceu no Latim como um composto de *sui*, "a si mesmo", seguido do elemento *cida*, "o que mata"; portanto, teoricamente, não precisaria daquele "**se**". No entanto, caro leitor, temos no Português um grupo de verbos que **sempre** são conjugados com o pronome ligado a eles; são, por esse motivo, denominados de **verbos pronominais**. Este pronome, que aparece em todas as pessoas do singular e do plural, é quase **vazio** semanticamente (isto é, não tem o seu significado nem o seu valor sintático usuais). Um bom exemplo é **orgulhar-se** (eu **me** orgulho, tu **te** orgulhas, ele/você **se** orgulha, nós **nos** orgulhamos, vós **vos** orgulhais, eles/vocês **se** orgulham). Jamais aceitaríamos "*eu orgulho", até mesmo porque esse verbo nunca será transitivo (eu não posso **orgulhar alguém**; só posso **me orgulhar de alguém**). É exatamente o caso do **suicidar-se.**

O ato de tirar a própria vida, contudo, é tão chocante que o povo cerca este verbo, às vezes, com tudo o que consegue enfiar na frase, a fim de frisar que a pessoa não foi morta, mas se matou. Não se surpreenda se ouvir, alguma vez, no calor do relato, um "***Ele se suicidou-se a si mesmo**" – ao que só faltaria acrescentar, para o circo ficar completo, "tirando a vida com as próprias mãos". É pleonasmo? É redundância? No uso consciente, caprichado do Português, claro que é. Na força da expressão, contudo, eu garanto que essa repetição deve ter lá as suas razões. Não esqueça: não podemos aplicar princípios da lógica quotidiana a algo muito maior do que ela, que é uma língua natural, como o Português.

onde e aonde

Durante séculos, **onde** e **aonde** foram usados indistintamente, mas há quem defenda uma divisão nítida entre seus territórios.

*Prezado Prof. Moreno, existe algum uso específico para **aonde** e **onde**?*

Diego R. C. – Canoas (RS)

Meu caro Diego, como meu coração balança entre duas respostas quase antagônicas, vou lhe apresentar ambas, esclarecendo qual o alcance de uma e de outra.

(1) **QUANDO FALA A ETIQUETA** – **Sim**, existe uso específico para os dois termos. **Aonde** é a soma de dois vocábulos, a preposição **A** + o advérbio **ONDE**. Ora, a presença dessa preposição restringe o emprego de **aonde** àqueles **verbos de movimento** que naturalmente exigem essa preposição: **dirigir-se A, ir A, chegar A**, etc. "**Aonde** te **diriges**? **Aonde vais**? **Aonde chegou** a violência urbana". Usar **aonde** com verbos que não exijam o "**A**" é considerado **erro** de regência. Nas seguintes frases, o **aonde** está errado e deveria ser substituído pela

forma simples **onde**: "***Aonde está** minha camisa?"; "***Aonde ficou** o cachorro?". "***Encontrei a Fulana. É? Aonde?**". Por outro lado, nada impede que utilizemos **onde** como forma genérica, válida mesmo nos casos em que se pode usar **aonde**: "**Onde** foste ontem?"; "**Onde** vais?".

(2) **QUANDO FALA A CIÊNCIA** – **Não**, não existe diferença no uso desses vocábulos. Os próprios escritores clássicos da língua portuguesa, em que nossa gramática tradicional baseia a maior parte das regras que formula, usam indiferentemente **onde** e **aonde**. No século XVI, Camões encabeça a lista, ao escrever, nos **Lusíadas**:

> Dali pera Mombaça logo parte,
> **Aonde** as naus **estavam** temerosas.
> (Canto II)

> Viram todos o rosto **aonde havia**
> A causa principal do rebuliço:
> Eis entra um cavaleiro, que trazia
> Armas, cavalo, ao bélico serviço;
> (Canto VI)

No século XVI, é **Vieira** quem vem trazer sua contribuição:

"Não navegaram só o mar Índico ou Eritreu, que é um seio ou braço do Oceano, mas domaram o mesmo Oceano na sua maior largueza e profundidade, **aonde** ele é mais bravo e mais pujante, mais poderoso e mais indômito".

"Aqui, Senhor! Pois **aonde estou** eu? Não estou metido em uma cova? Não estou retirado do Mundo?"

Você quer exemplos do século XVIII? Nossos poetas do Arcadismo fornecem quantos você quiser. **Tomás Antônio Gonzaga**, na Lira V da **Marília de Dirceu**, escreve as mimosas estrofes abaixo:

> Acaso são estes
> Os sítios formosos
> **Aonde** passava
> Os anos gostosos?
> São estes os prados,
> **Aonde** brincava
> Enquanto passava
> O gordo rebanho,
> Que Alceu me deixou?
> São estes os sítios?

Seu infortunado companheiro de Inconfidência, **Cláudio Manuel da Costa**, vai mais longe: com aquela sensibilidade especial que os verdadeiros poetas têm para a língua, acabou fornecendo um notável exemplo em que a alternância de **onde** e **aonde** sugere que a escolha entre as duas formas obedece, na verdade, a um padrão **sonoro** (e não **sintático**). Um dos sonetos à sua amada Nise começa assim:

> Nise? Nise? **Onde** estás? **Aonde** espera
> Achar-te uma alma que por ti suspira,
> Se quanto a vista se dilata, e gira,
> Tanto mais de encontrar-te desespera!

E termina com o seguinte terceto:

> Nem ao menos o eco me responde!
> Ah! Como é certa a minha desventura!
> Nise? Nise? **Onde** estás? **Aonde**? **Aonde**?

No século XIX – para ficar nos clássicos –, Garrett, Eça de Queirós, Castro Alves, Álvares de Azevedo usam **aonde** nas construções em que os gramáticos prescritivistas hoje recomendam **onde**. Machado de Assis, é verdade, já parece observar a atual distinção, embora se encontre, aqui e ali, a mesma prática de seus antecessores:

"Clarinha estremeceu, e deixou-se ficar **aonde** estava."

"Mas ao passar pela Rua do Conde lembrou-se que Madalena lhe dissera morar ali; mas **aonde**?"

Caldas Aulete declara, muito simplesmente, que "os clássicos e o povo não distinguem **onde** de **aonde**". Mestre Aurélio abre uma extensa explicação no verbete **aonde**, no qual conclui que os melhores autores, dos mais antigos aos mais modernos, não fazem distinção entre as duas formas. Houaiss registra que "é corrente, na linguagem informal, o emprego de **aonde** em vez de **onde**, uso encontrado também em escritores clássicos". Como são bons dicionaristas, não podiam negar a autoridade de todos aqueles escritores que sempre usaram como exemplo.

(3) **E NÓS, COMO FICAMOS?** – Olhe, Diego, fica evidente que os autores prescritivistas estão defendendo a existência de um padrão onde não havia nenhum; essa distinção rigorosa entre **onde** e **aonde** é coisa recente, de cinquenta anos para cá (para uma língua humana, que vive milênios, isso não passa de um quarto de hora). Só o tempo vai dizer se ela está motivada por uma necessidade de criar uma distinção realmente útil, ou se ela nasce daquela sanha repressiva que caracteriza muita regrinha tola e sem ciência que anda por aí. O diabo, Diego, é o que devemos fazer enquanto as coisas não ficam bem

definidas; o conselho que lhe dou é o mesmo que já dei em situações similares: siga a posição (1), que vai deixar as suas frases vestidinhas de acordo com a norma gramatical da moda, mas respeite a posição (2), que descreve o que realmente acontece. Você sabe como é: uma coisa é como as pessoas se vestem, outra é como elas deveriam se vestir. Você não acredita em convenções? Então, vá a um casamento vestido do jeito que preferir. Agora, você tem uma certa preocupação com a opinião dos outros? Então é bom botar uma gravatinha (e ficar invejando o primo que foi de jeans e camisa polo). Assim é com a linguagem. Escolha, e aguente.

P.S.: Quer saber como eu faço? Não uso nunca o **aonde**.

implicar

"A crise do petróleo vai implicar **em** aumento nos preços." – Veja por que esta frase é condenada pela norma culta.

Prezado Professor, aprendi que o verbo **implicar** *no sentido de "trazer como consequência, acarretar", é verbo transitivo* **direto**: *"A assinatura do presente contrato* **implica a aceitação** *de todas as suas cláusulas". No entanto, em "A energia está associada a diferentes processos, o que implica* **que** *a natureza das partículas subatômicas seja intrinsecamente dinâmica", este "que" grifado não está contrariando aquela regra gramatical?*

Evilásio A. – Anápolis (GO)

Meu caro Evilásio, o verbo **implicar**, como você corretamente afirmou, é transitivo **direto**, ou seja, como ensinava a minha saudosa professora da 5ª série, "o que implica, implica **alguma coisa**". Isso significa que devemos evitar, na forma culta, a regência indireta, com preposição **em**, muito usada na fala descontraída – "*desistir agora implica **em** perder tudo", "*a assinatura do contrato implica **na** aceitação de todas as suas cláusulas". Essa preposição **em** só vai aparecer quando usarmos o verbo no sentido especial de "envolver alguém em ato ilícito": "No seu depoimento à CPI, ele **implicou** o deputado **no** escândalo do Mensalão".

Ora, nos dois exemplos que você apresenta – "o contrato implica **a** aceitação" e "implica **que** a natureza..." –, o verbo está competentemente acompanhado de seus objetos diretos. Em "o que implica **que a natureza das partículas subatômicas seja intrinsecamente dinâmica**", a oração grifada, como você bem sabe, é apenas uma oração subordinada substantiva **objetiva direta**. Como vê, são exemplos idênticos da mesma regra.

chegar em?

*Um leitor anônimo (custava assinar?) desconfia da resposta fornecida pela banca de um concurso vestibular: "Segundo o examinador, na frase **O noivo chegou atrasado na igreja** houve uma transgressão da norma culta. Gostaria que você apontasse o erro, se houver!".*

Meu caro Anônimo, na norma culta, no Português escrito, os verbos de **movimento** – especialmente **ir** e **chegar** – regem a preposição **A**: quem chega, chega **A** (e não **EM**). De acordo com esse princípio, portanto, a forma "correta" da frase seria "O noivo chegou atrasado **À igreja**", com acento de crase e tudo. É evidente que a fala (tanto a popular quanto a culta) está trocando essa preposição por **em**, mas é um uso ainda condenado em exames e concursos.

assistir

*Vera Santos Bonfim, da Bahia (com esse nome, só pode ser de Salvador...), pergunta: "Devemos usar o verbo **assistir** (sentido de 'atender') seguido de **ao** ou de **o**? É assistir **AO** trabalhador ou assistir O trabalhador?".*

Prezada Vera Lúcia, se entendi bem, você está falando de **prestar assistência ao trabalhador**, não é? Nesse caso, embora os dicionários digam que podemos optar entre a regência direta e a indireta, a tendência majoritária na língua culta é deixar o verbo **assistir** como transitivo **direto**, isto é, **sem** a preposição: "O Estado deve **assistir o trabalhador**", "devemos **assisti-lo**", "ele deve **ser assistido** pelo Estado" (note que, aqui, a possibilidade de usá-lo na voz passiva confirma que ele é transitivo direto).

Este mesmo verbo, quando usado com o sentido de "ver, presenciar", tem regência **indireta** no Português culto formal: "Nós assistimos **à peça**", "Eu não assisti **ao jogo**". Com base nisso, muitos autores tradicionais não aceitam que, nesses casos, o verbo seja levado para a **passiva** (que, como você sabe, é uma característica exclusiva dos transitivos **diretos**): "*O jogo **foi assistido** por cem mil espectadores" seria uma versão inaceitável de "Cem mil espectadores assistiram ao jogo".

Somos obrigados a reconhecer, no entanto, que vem ocorrendo, na prática dos escritores modernos, um abandono progressivo dessa regência **indireta**, sinalizando a clara tendência desse verbo tornar-se exclusivamente transitivo **direto**; em pouco tempo, os gramáticos serão obrigados a admitir como aceitáveis frases que hoje eles ainda condenam, como "Vou assistir o jogo", "As peças que assisti", "Qualquer espetáculo que você assista", "Vamos assistir a sessão", etc. O fato desta tendência já vir assinalada no dicionário do Houaiss, por exemplo, só vem confirmar minha suposição.

alguém que **lhe queira**

*Marcelo, de São Paulo, estranhou o trecho "assim ela já vai, achar um cara que **lhe queira**, como você não quis...", na música **Acima do Sol**, do grupo mineiro Skank. "O Skank é um grupo que costuma ser gramaticalmente correto, mas aqui não deveria ser 'um cara que **a queira**'?"*

Meu caro Marcelo, o Skank é bom de letra mesmo! O verbo **querer** normalmente é transitivo direto: "eu quero **o** contrato, **quero-o**". No entanto, quando tem o significado de **gostar de alguém**, como é o caso desta música, passa a ser **transitivo indireto**: "eu quero muito **ao** meu filho, **quero-lhe** muito".

atender

*Antônio José S., de Guaratinguetá (SP), leu, num artigo escrito por mim, a frase "**atende as necessidades** básicas do decoro". Curioso, pergunta: "**Atender** não é um verbo transitivo **indireto**? Assim, você não deveria ter escrito 'atende **às** necessidades básicas do decoro?'."*

Meu caro Antônio José, o ***Dicionário de Regência Verbal*** de Celso Pedro Luft, mestre de todos nós, coloca **atender** como indiferentemente transitivo **direto** ou **indireto**, com acentuadíssima tendência a ficar exclusivamente **direto**. Afinal, ele é um verbo que pode ser passado para a voz passiva ("as necessidades **foram atendidas**") – e, como você deve saber, só os transitivos diretos têm o privilégio de apresentar passiva. Em outras palavras: você está certo, eu estou certo – mas prefiro a minha versão.

dignar-se de

Há muitos verbos que vêm mudando sua regência ao longo da história de nossa língua; **dignar-se** é um deles.

Prezado Professor, gostaria de saber se está correta a preposição empregada na frase "Ante o exposto, requer se digne Vossa Excelência em receber os presentes embargos".

João Alcides – Advogado

Meu caro João, a sintaxe culta manda escrever "requer se digne Vossa Excelência **de** receber os presentes embargos"; admite-se, também, a supressão da preposição: "requer se digne Vossa Excelência receber os presentes embargos", embora a primeira forma seja a preferida pelos autores tradicionais (especialmente os que se ligam ao meio jurídico).

Na fala culta, porém, o verbo vai pouco a pouco trocando a sua preposição para "**A**": "Não se dignou **a** recebê-los" – fato que, mais cedo ou mais tarde, modificará também a regência deste verbo no Português escrito. O "dignar-se **em**" é que não tem defensores. Por isso, faça como eu faço: quando escrevo textos formais, uso "dignar-se **de**"; quando falo, uso "dignar-se **a**". Afinal, quando vou a um banquete oficial (em sonhos...), uso os talheres de um jeito; em casa, mudo um pouquinho o estilo – como qualquer ser humano normal.

Curtas

produzido **com** plástico

> Alfredo K., de Gravataí (RS), esbarrou numa dúvida na hora de decidir os dizeres de uma embalagem para um acessório de banheiro: "Produzido **em**, **com** ou **de** plásticos de engenharia"? "Pelo que verifiquei na gramática de Evanildo Bechara e mesmo no ***Houaiss***, parece-me que a preposição **de** seria a mais adequada".

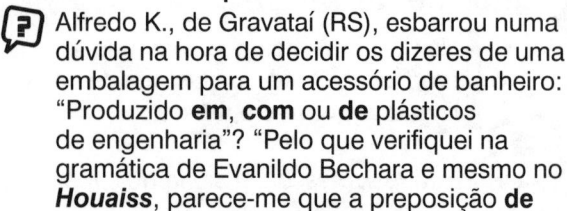

Prezado Alfredo, sinto dizer que você errou os dois pregos e bateu bem na tábua: **de** seria exatamente a preposição que eu não usaria com o verbo **produzir** (se fosse "**feito de** plástico", seriam outros quinhentos). "Produzido **com**" é a preferível; "produzido **em**" também pode ser usado, mas tem críticos ferozes, que consideram essa expressão um galicismo.

constar em

> Andrea Teixeira gostaria de saber se o uso da preposição **de** está correto em expressões como "**consta da** norma" ou "**tenho de** ir". "Não deveria ser **consta na** e **tenho que**, respectivamente?"

Prezada Andrea, pelo Português culto formal, devemos usar **constar em** quando nos referirmos à ocorrência de alguma coisa em determinado lugar: "meu nome consta **na lista**"; "o detalhe não constava **no** edital". **Constar de** é outra coisa: significa "ser composto de" – "O cardápio consta **de** entrada, prato principal e sobremesa".

Quanto ao verbo **ter** com o sentido de "dever", a norma culta escrita, bem formal, prefere a preposição **de**: "Nós temos **de** fazer", "Vocês têm **de** entender", e assim por diante.

obedecer-lhe

> Eduardo B., de São Paulo, gostaria de tirar a seguinte dúvida: "Quando falo com um amigo, está correto dizer "eu **te** obedeço"; agora, como devo falar a meu diretor? "Eu **lhe** obedeço" ou "Eu obedeço **ao Sr.**"?

Prezado Eduardo, você pode usar "Eu **lhe** obedeço" com seu chefe; esta é a forma correta da 3ª pessoa, uma vez que o verbo **obedecer** é transitivo **indireto**. No entanto, se quiser ser mais formal, você pode usar, em vez do pronome oblíquo, qualquer uma das várias formas de tratamento para a 3ª: "Eu obedeço **ao senhor**", "obedeço **a V. Senhoria**", "obedeço **a V. Majestade**". Fica ao gosto do freguês.

proceder a

Silmara, de Santo André (SP), tem dúvidas quanto à regência do verbo **proceder**. O certo é "proceder **o** integral cumprimento da obrigação" ou "proceder **ao** integral cumprimento da obrigação?"

Prezada Silmara, "vamos proceder **ao** sorteio", "vamos proceder **à** escolha" – é transitivo **indireto**, sempre com a preposição "**A**".

dentre?

A leitora Angélica ficou intrigada com a palavra **dentre**, e quer saber se ela existe e onde se aplica.

Minha cara Angélica, não é tão raro assim, esse **dentre**. É a forma combinada de duas preposições, **de** e **entre**. Vieira cita vários exemplos da Bíblia: "Escolheu **dentre** eles doze, que chamou apóstolos" (Lc. 6,13); "Cinco **dentre** elas eram loucas, e cinco prudentes" (Mt. 25,2);"Sairão os anjos, e separarão os maus **dentre** os justos" (Mt. 13,49).

parabenizá-lo?

> A colega Sandra N., professora de Português de Toledo (PR), gostaria de saber se usamos o pronome **lhe** com o verbo **parabenizar**, já que, segundo Houaiss, damos parabéns **A** alguém. Pergunta: "Isso o torna verbo transitivo indireto, cujo pronome deve ser o **lhe**?".

Minha cara Sandra, dê uma lida mais demorada no *Houaiss*, e você vai ver que ele classifica **parabenizar** como **transitivo direto**. Aliás, assim são os exemplos que ele dá: "parabenizar **O** patrão", "parabenizar **O** Instituto de Filologia". Não podemos "desenvolver" a regência deste verbo com base em **dar parabéns A**, como você fez, porque essa é a regência do verbo **dar** (quem dá, dá **alguma coisa** [parabéns] A **alguém**). Portanto, queremos **parabenizá-lo**. Note que ele é tão transitivo direto que até admite a transformação passiva ("Ele foi parabenizado pelos colegas e amigos").

duplo objeto indireto

> O leitor Paulo gostaria de saber se a frase "Falaram de vocês ao diretor" está de acordo com a norma culta e se podemos afirmar que "de vocês" e "ao diretor" são **objetos indiretos**.

Meu caro Paulo, sim, são dois objetos indiretos. Isso não é tão raro quanto possa parecer: concordar **com** alguém **a respeito de** algo, conversar **com** alguém **sobre** algo, perguntar **A** alguém **por** outra pessoa, orar **a** alguém **por** alguma coisa ou alguma pessoa, falar **de** alguém ou alguma coisa **a** outra pessoa, etc. – todos eles exemplos da gramática de Celso Pedro Luft.

gostar que

? Gastón Gutiérrez, de Buenos Aires, estudante de Português, pergunta: "Sempre me disseram que o verbo **gostar** é sempre gostar **de**. Mas outro dia um colega disse que gostar **que** é aceito e, nesse caso, não precisa o uso da preposição. Ele tem razão?".

Prezado Gastón, mesmo os verbos transitivos indiretos (gostar **de**, precisar **de**, etc.) costumam perder a preposição quando seguidos de uma **oração substantiva objetiva indireta**: compare "eu gosto **de** música", "eu preciso **de** tempo" com "eu gostaria **que o senhor participasse**", "eu preciso **que todos colaborem**". Esta supressão da preposição faz com que a frase soe melhor e deixa-a mais fácil de pronunciar – daí a preferência que conquistou. É claro que não estaria errado "eu gostaria **de que** o senhor participasse", mas eu particularmente não uso, nem conheço muita gente que o faça. Abraço. Prof. Cláudio Moreno

agradeço **a** Deus

? César Marques S. hesita entre "agradeço **à Deus**", "agradeço **ao Deus**" ou ainda "agradeço **a Deus**". Conclui: "Penso que a última opção está incorreta, mas encontrei esta forma em dois sites".

Meu caro César, mas que pontaria! A única forma correta é a terceira, exatamente a que você recusou: "Agradeço **a Deus**". A primeira está errada porque **Deus** é masculino, e usar acento de crase antes de um substantivo masculino é simplesmente impossível, mesmo se tratando de tão augusto personagem. A segunda está errada porque não usamos artigo definido antes de **Deus**: "confio **em** Deus" (e não "confio **no** Deus"), "O homem põe, Deus dispõe" (e não "O homem põe, **O** Deus dispõe). Haveria, é claro, circunstâncias em que poderíamos usar **ao Deus**: "Ele se referia **ao Deus** da misericórdia, não **ao Deus** do castigo e da punição" – mas acho que não era isso que você tinha em mente.

deparar é pronominal?

> Karina G., do Rio de Janeiro, estranhou a frase: "e **me deparei com** um verdadeiro caos". No sentido de "afrontar", não seria errado o emprego do pronome **me** junto ao verbo? Não seria "e **deparei com** um verdadeiro caos"?

Minha prezada Karina, não, não é errado; na verdade, é a regência atual desse verbo. Já se encontra isso em Machado; veja a Clarice Lispector, em exemplo do verbete "deparar", do *Aurélio*: "E **deparou-se com** um jovem forte, alto, de grande beleza". A regência originária deste verbo (deparar alguma coisa a alguém) já não é mais usada; as duas vigentes são **deparar com** ou **deparar-se com** alguma coisa – sempre transitivo indireto, seja pronominal, seja simples.

através de

> K. Schmidt, de Ribeirão Preto (SP), sempre ouviu os gramáticos reprovarem o uso da expressão **através de** com o sentido de "por meio de"; porém, Houaiss aceita esse emprego e mostra "educar **através de** exemplos" e "conseguiu o emprego **através de** artifícios". Ela pergunta: "Está correto, afinal? É mais um caso de expressão

genuinamente errada, no entanto aceita em decorrência do disseminado emprego?".

Minha prezada K., você sempre ouviu os "pequenos" gramáticos dizerem isso. Os grandes não se preocupavam com essas minúcias, que são artificiais e inexpressivas, e que escritores do século XIX (para não citar os modernos), como Euclides e Eça de Queirós, não levavam em consideração. Há muitas "autoridades" por aí, com pouco estudo, que ficam batendo em pequeninas regrinhas que nem o público (e, como você está a ver, nem mesmo os dicionários) observa; o pavor delas é ver chegar o dia em que isso for descoberto; nesse dia, elas ficarão sem ter o que "ensinar", porque não entendem muito além dessas bobagens.

domiciliado à rua

> Savero S., de Aparecida do Taboado (MS), gostaria de saber se o acento de crase empregado antes de rua está correto na frase "residente e domiciliado à rua XV de Novembro".

Meu caro Savero, não se trata de saber se está ou não correto o acento de crase. O problema é outro: a preposição adequada é **em** ou **a**? Para os gramáticos tradicionais, mais rigorosos, o correto é "residente e domiciliado **na** rua XV de Novembro". Eles alegam que, tradicionalmente, os verbos de **quietação** (**morar, residir, situar**-se, etc.) exigem a preposição **em** – no que têm razão. No entanto, o uso moderno insiste em substituir esse **em** pelo **a**; nesse caso, vão surgir as circunstâncias necessárias para a ocorrência de crase e, consequentemente, o emprego do acento grave:

"residente e domiciliado **à** rua XV de Novembro". Eu, particularmente, uso sempre o **em**.

morar **na** rua

A leitora Sunguela escreve do Ceará, perguntando qual é a preposição adequada: "Maria reside **à** ou **na** rua Carlos Silva"?

Minha cara Sunguela, os gramáticos prescritivistas recomendam, por unanimidade, "residente **na** rua tal, morador **na** rua tal, sito **na** rua tal". Se você quiser ficar dentro da etiqueta, use assim também. Alguns mal-humorados professores alegam que isso significaria morar "**na**" rua, e na rua ninguém mora, mas sim nos prédios e nas casas. É tolice; embora eu também nada veja de mal em usar a preposição **a**, é a preposição **em** que vem sendo preferida pelos autores clássicos e modernos de nosso idioma.

servir **ao** Senhor

Mariana B., de Piracicaba (SP), diz que sua mãe comprou um pano de secar louça em que estava escrito "Devemos servir **o** Senhor com alegria". O certo não seria **ao** Senhor?

Minha cara Mariana, o verbo **servir** é transitivo **direto**, isto é, exige um complemento **sem** preposição: "Eu sirvo meu reino", "Sete anos de pastor Jacó servia Labão, pai de Raquel, serrana bela" (Camões). Contudo, por uma idiossincrasia de nossa língua, os verbos transitivos diretos ganham uma preposição "**A**" quando nos referimos a Deus. Essa preposição é meramente virtual, e o complemento é o esquisitíssimo **objeto direto**

preposicionado, do qual você já deve ter ouvido falar: "Julieta amava Romeu", mas "Julieta amava **a** Deus"; "ele respeitava seu amigo", mas "ele respeitava **ao** Senhor". O que você estranhou na frase foi a falta dessa tradicional preposição: "Devemos servir **ao** Senhor com alegria".

transitivos diretos com preposição?

> Ronaldo O. escreve de São Paulo: "Tenho visto em várias publicações frases como 'A equipe é **constituída por** dois profissionais', 'O grupo é **constituído de** dois profissionais'. Ocorre que o verbo **constituir** é transitivo direto, portanto, não admitindo preposição. Como se explica?".

Meu caro Ronaldo, você está com a razão ao observar que **constituir** é transitivo direto. Contudo, as duas estruturas que você destacou são frases na **voz passiva**. Lembro-lhe que uma das propriedades mais características dos **transitivos diretos** é a possibilidade de ser passados para essa voz (o que é absolutamente impossível com os indiretos). O que está preposicionado aqui é o **agente da passiva**, que corresponde, na ativa, ao sujeito. "**Dois profissionais** (sujeito) constituem a equipe" = "a equipe é constituída **por dois profissionais** (agente da passiva)".

reclamar

> Alexandra W., de Ceará-Mirim (RN), não consegue decidir qual a forma correta: "Empresários reclamam atraso dos pagamentos" ou "Empresários reclamam **de** atraso nos pagamentos"?

Minha cara Alexandra, quando eu reclamo **o pagamento**, estou exigindo que me paguem; se, no entanto, reclamo **do** pagamento, estou insatisfeito com o que me pagaram. São duas coisas totalmente diferentes. No seu exemplo, os empresários reclamam **do** atraso (estão fazendo reclamações).

indagar

> A leitora Cláudia P., de Montevidéu (Uruguai), gostaria de saber qual das duas versões é a melhor: "O rapaz **indaga o** cientista a respeito de como foi que ele teve tal ideia" ou "O rapaz **indaga ao** cientista a respeito de como foi que ele teve tal ideia"?

Prezada Cláudia, o seu **indagar**, nesta frase, atrapalha como uma pedra no sapato. Desculpe a franqueza, mas a primeira forma é errada ("O rapaz **indaga o** cientista"), e a segunda fica desajeitada ("**indaga ao** cientista a respeito de como foi"). Eu trocaria, sem hesitação, por **perguntar**: "O rapaz **pergunta** ao cientista como ele teve tal ideia". Bem mais limpo e um pouco mais elegante. Agora, se você fizer questão de usar o **indagar**, sua frase poderia ficar assim: "O rapaz indagou ao cientista como foi que ele teve tal ideia".

4. Crase

Todo mundo sabe que a crase é um fenômeno que ocorre quando dois **As** se encontram no interior de uma frase: a preposição **A**, que fica à esquerda, encontra outro **A**, que fica à sua direita. Ora, isso só poderá ocorrer, rigorosamente, **em duas situações**: (1) ou antes de um **substantivo feminino** (que tenha o artigo **A**), (2) ou antes de um **pronome demonstrativo** que comece por essa vogal (**a**quele, **a**quela, **a**quilo). Fora disso, em qualquer outra situação, é impossível que se encontrem os dois **As** necessários para esse casamento.

Sempre fiquei espantado ao ver a esmagadora maioria dos livros didáticos destacarem os casos em que **não pode ocorrer** esse encontro de vogais e, consequentemente, o acento grave. Basta sabermos que **só nos dois casos acima** o enredo começa a ficar interessante, isto é, só nos dois casos acima podemos começar a nos preocupar com a *possibilidade* – friso: a *possibilidade*, não ainda a certeza – de que tenhamos de utilizar esse incompreendido acento. Ensinar os casos em que **não** há crase é o mesmo absurdo e a mesma perda de tempo que o Detran publicar a lista das placas que **não** foram multadas, ou a universidade divulgar, no vestibular, a lista dos candidatos que **não** foram aprovados.

Não vamos ser ingênuos a ponto de afirmar, entretanto, que esse ensino "ao contrário", pouco inteligente, seja a causa de nós termos tantos problemas com a crase. Que o mau ensino transforme num mistério o que deveria ser uma coisa relativamente simples, isso nós podemos entender. O fato de que a maioria dos autores didáticos não entendeu muito bem o fenômeno faz com que, *ipso facto*, a maioria dos brasileiros se atrapalhe com o emprego do acento grave. Até aí, tudo bem.

Agora, se isso justifica a **hesitação** e a **dúvida** que as pessoas têm, com certeza **não é o motivo que as induz ao erro**. Certamente não serão essas explicações deficientes das gramáticas o que leva as pessoas ao emprego constante de acento de crase antes de masculinos, verbos, numerais e outras classes de vocábulos que, obviamente, não comportam um artigo antes deles. A Linguística moderna nos explica que todo erro que é cometido por uma extensa faixa de usuários deve ter alguma forte razão subjacente; é muito grande a incidência de erros do tipo ***barco à vapor**, *escreveu à lápis*, *começou à chorar*, *entregou à ela*, *trafegava à 60km*. O mau ensino não pode ser a causa de tantas pessoas quererem pôr o acento aí! Em outras palavras: se posso responsabilizar os maus instrutores de direção pelos maus motoristas que infernizam o trânsito, não poderia responsabilizá-los se um número expressivo de seus alunos resolvessem se atirar, de carro e tudo, pelo penhasco abaixo. De onde vem a **vontade** de colocar esses acentos indevidos? Acredito que isso seja apenas a materialização da tendência instintiva (já destacada pelo incomparável Celso Pedro Luft, patrono deste *Guia*) de trocar o sistema vigente por outro mais simples, que consistiria, à francesa, em acentuar sempre o A **quando ali estivesse a preposição presente**.

Said Ali já tinha demonstrado que os escritores de nosso idioma, desde o século XVI, usavam acentuar também a **simples preposição** antes de palavra feminina, em expressões como **à faca**, **à espada**, **à fome**, embora expressões equivalentes no masculino deixassem bem claro que não havia aqui o encontro de dois **As** (**a machado**, **a martelo**). Na mesma linha, algo foi ensaiado por José de Alencar, no século XIX, o que lhe valeu a crítica de um dos gramáticos "medalhões" da escola do Rio de Janeiro, que fez um estudo sobre a linguagem alencariana, mostrando que, infelizmente, o autor de *Iracema* não sabia usar nem a crase... Ele não entendeu que Alencar e muitos escritores de sua época usavam o acento apenas para distinguir o **artigo** da **preposição**.

Uma advertência final: para indicar a ocorrência da crase, nosso sistema ortográfico escolheu o **acento grave**; no entanto, no uso corrente, esse acento passou a ser chamado também de **crase**, o que levou à formação do verbo **crasear** (já presente no *Houaiss* e no *Aurélio*), verbo de que não gosto, mas que está amplamente consagrado. Nas situações em que os professores rigorosos dizem que um determinado "**A**" **leva acento de crase**, o falante comum prefere dizer que o "**A**" é **craseado**; eu prefiro a primeira hipótese.

A ocorrência da crase envolve, portanto, a presença da **preposição** – que é uma questão de **regência** – e a presença do **artigo**. A **regência** já foi abordada no **capítulo 3**; passamos agora a examinar alguns pontos importantes sobre o **artigo**, antes de entrar na crase propriamente dita.

4.1 O uso do artigo

Bahia e Recife

Antes de **nomes geográficos**, o uso do artigo às vezes é obrigatório, em outras, é facultativo.

*Prezadíssimo Professor, sem querer abusar de sua santa paciência, trago uma dúvida que surgiu ao ler sua explicação sobre o uso do artigo definido antes de **Recife**, no **Guia Prático 2**, em que o senhor deixa claro que, sendo o nome desta cidade também a designação de um acidente geográfico, pode-se usar tanto "**de** Recife" quanto "**do** Recife". Pergunto: seria essa regra aplicável quando nos referirmos à **Bahia**? Poderia ser dito "venho **de** Bahia"? Em caso afirmativo, a crase também seria facultativa, isto é, poderíamos escrever, indiferentemente, "vou **à** Bahia" ou "vou **a** Bahia"?*

David A. – Maceió (CE)

Meu caro David, acho que você fez aqui uma pequena confusão, pois o caso de Recife não tem nada a ver com o caso da Bahia. **Recife** é uma **cidade**, e o nome das cidades geralmente não é acompanhado do artigo, em Português; como, entretanto, refere-se a um acidente geográfico (**os recifes**), admite-se também que venha com artigo – "venho **de** Recife" (seguindo a regra geral) ou "venho **do** Recife" (seguindo o costume da maior parte dos falantes). Com o nome dos **estados**, contudo, a coisa é diferente: eles se dividem entre os que não têm artigo (venho **de Alagoas**, **de Minas Gerais**, **de São Paulo**, **de Tocantins**) e os que **têm** (venho **do Pará**, **da Paraíba**, **do Paraná**, **da Bahia**).

Enquanto o uso popular (e, muitas vezes, histórico) registra a possibilidade de **incluir** um artigo antes do nome de certos estados ("**as** Alagoas", "**as** Minas Gerais"), o que você está propondo é exatamente o caminho inverso: **excluir** o artigo que acompanha a **Bahia** – possibilidade que a língua não nos oferece. Você pode imaginar alguém dizendo que vem "**de** Pará" ou "**de** Amazonas"? Sempre vai ter de usar o "**A**" com **Bahia**; ora, o resto todos nós já sabemos: se este "**A**" encontrar uma preposição "**A**", a crase será inevitável.

se **vou a** e **volto da**

O Professor mostra como o antigo versinho "Se vou **a** e volto **da**, crase **há**" tem muito mais a ver com o artigo do que com a crase.

*Caríssimo Professor, escrevo-lhe para partilhar uma velha recordação de infância que foi resgatada de tempos olvidados, ao ler um de seus artigos acerca do emprego da crase... A minha mestra de Português, perante nossas dúvidas nesse tópico, dizia: "Meus alunos: se vou **a** e volto **da**, crase **há**; mas se vou **a** e volto **de**, crase para quê"? Boa mnemônica, não acha?*

Sandra Lourenço – Coimbra, Portugal

Prezada Sandra, eu não sei a idade que você tem, mas deve ser algo geracional: eu também aprendi assim, no tempo em que eu tinha todo o cabelo e todas as esperanças do mundo. Ainda acho muito boa essa rimazinha mnemônica, mas chamo a atenção para um detalhe que me passava despercebido naquela época: ela tem muito menos a ver com a **crase** do que com **o uso do artigo**. Explico.

Nosso idioma nem sempre usa o artigo antes dos nomes de lugar (países, estados, cidades): moro **em** Alagoas, mas **na** Bahia; venho **de** Portugal, mas **do** Japão, e assim por diante. Aquele versinho, portanto, serve apenas para saber quais os **nomes de lugar** que são precedidos de **artigo feminino**; a crase vai ser apenas uma consequência. Por exemplo, se eu preciso saber como grafar cada "**A**" na frase "Na minha excursão, fui **a** Cuba, **a** Holanda, **a** Bélgica e **a** Israel", aplico a esperta rimazinha e obtenho o seguinte: "Volto **de** Cuba, **da** Holanda, **da** Bélgica e **de** Israel" – o que me indica que **Cuba** e **Israel** não têm artigo e, por consequência, não vai ocorrer a crase ("Fui **a** Cuba, **à** Holanda, **à** Bélgica e **a** Israel"). É tiro e queda! Contudo – repito – só funciona com esses locativos. Para todos os demais casos em que temos dúvida, só mesmo o miolo resolve. Um abraço, Sandra, e obrigado pela recordação.

do ou **de** Paulo?

Devemos ou não usar artigo antes de **nomes próprios**?

*Meu caro Professor, eu gostaria de esclarecer se estão corretas as três formas da seguinte frase: (1) A casa é **do** Paulo, **da** Renata e **do** Marcelo. (2) A casa* é **do** Paulo, Renata e Marcelo. *(3) A casa é **de** Paulo, Renata e Marcelo.*

Renato de Mendonça

Meu caro Renato, o leque deve ser ampliado para quatro opções:

(1) A casa é **do** Paulo, **da** Renata e **do** Marcelo.
(2) A casa é **de** Paulo, **de** Renata e **de** Marcelo.
(3) A casa é **do** Paulo, Renata e Marcelo.
(4) A casa é **de** Paulo, Renata e Marcelo.

Tanto a primeira quanto a segunda estão corretas; a diferença entre elas está no emprego – ou não – do **artigo** antes do **nome próprio**, o que é uma escolha livre para o falante. Podemos optar entre "o carro **de** Marta" e "o carro **da** Marta", "o livro **de** Pedro" ou "o livro **do** Pedro". Em geral, os gaúchos preferem usar o artigo, enquanto o resto do país prefere não fazê-lo. Você deve escolher a forma que mais lhe agrada.

A terceira e a quarta também se distinguem nesse mesmo ponto, mas apresentam, além disso, uma peculiaridade considerada "moderna" por alguns: a preposição **de** vem antes do primeiro item da relação, apenas. Eu não gosto e não uso; prefiro, como nas duas primeiras versões, manter o **paralelismo** sintático, repetindo a preposição antes de cada item. Embora estas duas últimas formas sejam aceitas, acho que você deveria ficar com as duas primeiras; além de mais formais, são mais elegantes.

em França?

Luís XV era rei **da** França ou rei **de** França? Paris fica **na** França ou **em** França?

*Caro Professor, voltei a estudar, depois de vários anos afastado dos bancos escolares. Na semana passada, aprendi que, ao me referir à França, devo escrever "**em** França" e não "**na** França". Está correto? É novidade? Isso também se usa para outros países?*

Jorge Luiz B. – Cuiabá (MT)

Meu caro Jorge, se você estiver em Portugal, vai ouvir muitas vezes "**em** França", "**em** África". No Brasil, no entanto, isso é completamente inadequado. As pessoas cultas (e todos os escritores que merecem esse nome, inclusive o supremo Machado de Assis) escrevem "**na** França", "**na** África", pois esses nomes geográficos são usados, aqui, com artigo. Dizemos que o livro veio "**da** França", e não "**de** França", como querem alguns (raros) professores equivocados. Além disso, abra o olho: se você não usar artigo antes de **França**, vai terminar escrevendo "Fomos **A** França", sem acento de crase; isso fica bem em Portugal, mas aqui vai ser tachado de erro, mesmo. Em Roma, devemos agir como os romanos; aqui no Brasil é assim.

artigo antes de relativos

> A mais importante diferença entre os pronomes relativos **que** e **qual** é que só o segundo pode ser antecedido de artigo definido.

*Caro Prof. Moreno, no setor jurídico em que trabalho, costumamos usar a frase "Apelação e remessa oficial **a que** se nega provimento" para significar que se está negando provimento tanto à apelação quanto à remessa. Para deixar bem claro que estamos negando provimento aos dois elementos, não seria melhor acrescentar o artigo no plural e escrever "Apelação e remessa oficial **às que** se nega provimento"?*

Luciana O. – Brasília (DF)

Minha cara Luciana, você indicou um bom rumo, mas enganou-se de endereço. A sugestão de usar o artigo é boa, mas não pode ser feita com o relativo **que**. Este pronome jamais virá antecedido de artigo, a não ser que haja um **substantivo elíptico** – mas isso é vinho de outra pipa. Talvez o que você quisesse propor fosse algo como "Apelação e remessa oficial **às quais** se nega provimento"; aí sim, você teria razão, porque ficaria muito mais fácil para os leitores entenderem do que se trata.

Esse comportamento diferente do **que** e do **qual**, com relação a artigos, fica bem evidente quando comparamos estruturas como "os filmes **a que** assisti/**aos quais** assisti", "os ideais **por que** lutamos/**pelos quais** lutamos", "a peça **a que** assisti/**à qual** assisti", e assim por diante: **qual** é sempre antecedido de artigo, coisa que jamais acontece com o **que**.

Os eventuais casos de crase antes deste pronome se devem à presença de um artigo pertencente a um **substantivo elíptico** (**subentendido**): "Essa rua é paralela **à** [rua] **que** leva o nome de meu pai" pode ficar "Essa rua é paralela **à** [...] **que** leva o nome de meu pai"; "Não me refiro **às** [alunas] **que** chegaram cedo, mas **às** [alunas] **que** chegaram tarde" pode ficar "Não me refiro às alunas que chegaram cedo, mas **às** [...] **que** chegaram tarde". Por isso, seria agramatical a forma proposta por você, "apelação e remessa oficial *****às que**...". A forma como vocês costumam escrever, portanto, está correta.

Curtas

leve **o** quanto puder

Francisco F., de Brasília (DF), quer saber se o correto é "aproximei-me **O** quanto pude" ou "aproximei-me quanto pude".

Meu caro Francisco: "aproximei-me **O** que pude", "aproximei-me **O** máximo que pude", "leve **O** quanto puder", "gastei **O** mínimo", etc. – veja como você sempre terá aquele **O**, que uns interpretam como **pronome**, outros como **artigo** – nesse caso, acompanhando um substantivo que está subentendido. Seja ele o que for, sempre deveremos usá-lo. Vamos encontrar autores que o consideram desnecessário em construções como "gaste [o] quanto quiser", "economize [o] quanto puder", mas o uso literário parece ter preferido manter este **O**.

todo x todo o (na fala)

> A leitora Isabel Fernandes quer saber sobre o uso de **todo** + **o**. Segundo ela, falamos coloquialmente "**todo mundo** vai querer imitar você", com o sentido de "**todas as pessoas**". Ela pergunta se o certo não seria "**todo o mundo** vai querer imitar você".

Prezada Isabel, nem você nem eu sabemos como falamos isso, porque **dizer** "**todo o** mundo" ou "**todo** mundo" sempre vai dar na mesma sequência fonológica /**todumundu**/. Como falam os caipiras, "dizido é uma coisa, escrevido é outra". Não esqueça que a escrita, com todas as suas regras ortográficas e gramaticais, é uma realidade que não chega a 30% do gigantesco fenômeno que é a língua falada.

Agora, para que você não pense que eu desviei da pergunta, informo que o costume é usar **todo mundo** quando queremos falar de **todas as pessoas**, reservando **todo o mundo** para quando queremos falar do **planeta inteiro** – embora, faço questão de frisar, esta diferença não seja tão rígida como alguns apregoam.

Cubatão tem artigo?

> José O. L., de São Paulo, pergunta qual é a forma correta (e qual a regra) com relação à cidade de Cubatão: "foi para **o Cubatão**" (análogo a "foi para **o** Rio de Janeiro), ou "foi para **Cubatão**" (análogo a "foi para São Paulo")?

Meu caro José, foi **para Cubatão**, veio **de Cubatão**; foi **para Sorocaba**, veio **de Sorocaba** – note como **não** costumamos usar artigo com o nome das cidades. O **Rio**

de Janeiro é um dos raros casos, principalmente por influência do substantivo comum (**o rio**) e da confusão histórica entre a cidade e o estado do Rio.

Secretaria **da** ou **de** Saúde?

> Washington Cezar A., de Porto Seguro, precisa saber se a forma correta é "Secretaria Municipal **de** Saúde" ou "Secretaria Municipal **da** Saúde".

Meu caro Washington, vejamos como se faz no âmbito federal: Ministério **da** Cultura, Ministério **da** Saúde, Ministério **da** Educação, Ministério **do** Desenvolvimento, Ministério **da** Integração (nem todos eles existem, mas já existiram). Note que o artigo definido está sempre presente, junto com a preposição. Essa é uma daquelas opções que a língua vai definindo, silenciosamente, em seu curso de séculos. Acho que seria sábio seguir o exemplo e escrever "Secretaria **da** Saúde".

artigo antes de possessivos

> A leitora Gislene pergunta se é correto colocar um artigo antes de um pronome possessivo. Como fica? É "onde você colocou **meu** casaco" ou "onde você colocou **O meu** casaco"?

Minha cara Gislene, tanto faz um quanto o outro; o uso de artigo antes do possessivo é apenas uma das inúmeras instâncias em que o falante tem todo o direito de optar. Essa flexibilidade no emprego do artigo vai ter, no caso do **feminino**, repercussões quanto à ocorrência de crase. Dê uma lida no que escrevi a respeito desse assunto em **crase com possessivos**.

artigo antes das siglas

> Carmen Rebouças trabalha numa universidade, na **Seção de Admissão e Registros Escolares**, referida internamente como **SEARE**. Sua dúvida é simples: "Quando usar a sigla, devo também usar o artigo? Ao despachar um processo para tal setor, o correto seria **À SEARE**, **A SEARE** ou **AO SEARE**?".

Prezada Carmen, no caso de siglas como esta, costumamos atribuir-lhe o mesmo gênero do núcleo do sintagma. Se é uma "seção", será feminina; se for um "centro", por exemplo, será masculino. Nós nos referimos **ao MEC** (ministério), **ao INSS** (instituto), **ao SERPRO** (serviço), **à OAB** (ordem). No seu caso, portanto, você deve falar **da SEARE**. No endereçamento de uma carta ou ofício, como está presente a preposição "**A**", a crase vai ocorrer: **à SEARE**.

ao/a meu ver

> Janaína, de Feira de Santana (BA), quer saber se a expressão correta é **a meu ver** ou **ao meu ver**.

Prezada Janaína, como você deve saber, é completamente livre, para o falante, usar ou não o artigo antes dos possessivos: aquele é **meu carro**, aquele é **o meu carro**; **minha mãe** está aqui, **a minha mãe** está aqui. Esta liberdade de escolha vai ter reflexos no caso que você propôs: **em meu** entender, **no meu** entender; **a meu** ver, **ao meu** ver. Escolha uma e fique em paz.

de mamãe, **da** mamãe

Audri P., de Porto Alegre, escreve: "Uma menina baiana que está morando conosco costuma dizer 'este livro é **de** mamãe', 'os sapatos **de** Laurinha'; no Sul, dizemos normalmente 'este livro é **da** mamãe' ou 'os sapatos **da** Laurinha'. O que é correto?".

Cara Audri, usar (ou não) o artigo definido nesses casos é uma questão de opção do falante. O quarto **do** meu filho, o carro **do** papai, a carta **da** Maria – ou o quarto **de** meu filho, o carro **de** papai, a carta **de** Maria. A escolha é livre; em geral, o Rio Grande do Sul prefere usar o artigo, enquanto o Nordeste faz o contrário. Note que essa opção tem reflexo no problema da crase: "leve o livro **A** papai e a revista **A** mamãe" (sem artigo), ou "leve o livro **AO** papai e a revista **À** mamãe" (com artigo).

4.2 A crase propriamente dita

à Maria, a Maria

Saiba por que razão o acento de **crase** é opcional antes dos nomes próprios.

*Professor Moreno, ao escrever uma carta para minha filha, me surgiu uma dúvida. Como devo preencher o destinatário? **À Maria** ou simplesmente **A Maria**, sem o acento de crase? Obrigada pela sua atenção.*

Alessandra – São Paulo (SP)

Minha cara Alessandra, escreva como você quiser. Acontece que os falantes do Português se dividem em dois grupos: os que usam e os que não usam **artigo** antes de **nomes próprios**. Quando eu falo do meu filho Matias, eu digo "**o Matias** passou por aqui", mas sua namorada, que é do Rio de Janeiro, já prefere dizer "**Matias** passou por aqui". No feminino, uns dizem "Encontrei **Maria** no jogo", outros dizem "Encontrei **a Maria** no jogo". A escolha é completamente livre.

Ora, como você deve lembrar do tempo de colégio, tudo o que mexe com o artigo feminino tem reflexos no acento de **crase**. Se você usar o artigo quando falar da sua filha ("estou pensando **na** Maria", "o noivo **da** Maria"), vai escrever "**À Maria**" (preposição + artigo = crase). Se, por outro lado, você prefere não empregar o artigo ("o quarto **de** Maria", "o noivo **de** Maria"), é evidente que acabará escrevendo apenas a **preposição**: "**A Maria**". Escolha aí um **João**, escreva uma carta para ele e tudo vai ficar mais claro: ou você escreve "**Ao** João" ou "**A** João". A decisão é sua.

devido a medicação

> Andrea, editora de uma revista de Medicina, escreve: "Acredito que minha dúvida seja comum a muitos brasileiros: existe uma regra simples para o uso da crase? Por exemplo, **devido a medicação errada** leva ou não crase?".

Minha cara Andrea, a regra de crase é muito simples; o que pode ser complexo, no entanto, é o contexto em que nós temos de decidir sobre o seu uso. A sua frase – **devido a medicação errada** – é um bom exemplo dessa complexidade. Por exemplo, (1) imaginemos que o médico X tenha matado um paciente ao prescrever-lhe um remédio inadequado; o paciente morreu devido **à medicação errada que o médico lhe prescreveu**. Compara com (2): "Muita gente morre no Brasil devido **a medicação errada**". Por que em (1) aparece o acento de crase e em (2) não?

Posso lhe assegurar que não tem nada a ver com a regra da crase, mas sim com o uso (ou não) do **artigo definido**, esse pequeno vocábulo cuja importância tanto esquecemos. Em (1), o artigo está presente, pois estamos falando de uma medicação errada **definida**. Em (2), ele está ausente, pois nos referimos a "medicações erradas", indefinidamente. Este é o mesmo caso de "o infrator está **sujeito a multa** (leia-se: **a** [uma] **multa**), que é bem diferente de "o infrator está sujeito **à multa de R$100,00**).

a crase da sogra

Um desesperado estudante de Letras faz fiasco ao discutir a crase com a sogra; o Professor ensina como devemos nos comportar numa hora dessas.

*Caro Professor Moreno, sou um aluno de Letras em desespero: a mãe da minha namorada é daquelas que discute qualquer tópico até o limite da honra. E ontem estava "a dar aulas de gramática" a todos nós, incultos e belos. Disse-nos que quase teve um treco ao ir na lavanderia e ler "lavagem **À** seco". Mas, aí, lembrei do caso do "tinta **À** óleo" em que está implícito "à maneira de" e mencionei tal regra para confirmar o acerto de "lavagem **À** seco". Enfim, ficamos por mais de cinco minutos a discutir tal nuance da nossa birrenta Língua Portuguesa. Então, Professor?* **Lavagem à seco** *está correto? Se não estiver, dá para inventar uma emenda à FHC e mudar (mesmo que temporariamente) a constituição dessa regra para salvar um desamparado aluno de Letras?*

Anônimo – De algum lugar do interior de São Paulo [o nome e a cidade foram omitidos para resguardar a integridade física do autor da mensagem]

Meu caro Anônimo, você realmente foi se meter em camisa de onze varas! Sinto dizer que desta vez você se complicou, e feio! Desde quando "tinta **a óleo**" tem crase, ó Anônimo? Nunca! Nem em "lavagem **a seco**"! Só pode haver acento de crase antes de palavra feminina, venha ela **expressa** ou **subentendida**. É nesse último caso que vemos os "bigodes **à Hitler**", o "filé **à Santos Dumont**", porque aqui está elíptica a palavra **moda**. Como em toda elipse, aliás, ela pode simplesmente voltar à frase: "bigodes à **moda** de Hitler". Agora, ninguém lava "**à moda**" de seco, nem tem tinta "**à moda**" de óleo.

Eu sei que é duro, para um estudante de Letras, tropeçar assim em público – e ainda mais diante da sogra! Paciência, meu caro Anônimo: isso pode acontecer com qualquer um. Nesses casos, o melhor remédio é sempre a verdade: você deve voltar ao assunto, dizer que resolveu estudar mais profundamente o problema e acabou concluindo que estava errado. Isso é prova de grandeza intelectual e sempre funciona. Acredite em mim, porque um dia, quando eu era recém-formado, fiz uma dessas com uma turma de segundo grau: errei, teimei, gritei com eles, chamei-os de cabeçudos e ignorantes, e depois, em casa, vi que eles estavam com a razão. Engoli seco, criei coragem e, no dia seguinte, fiz diante deles o meu *mea culpa*; para a minha surpresa de jovem professor inexperiente, passei a ser muito mais respeitado pela turma! Agora que já se passaram vários dias da sua discussão, volte voluntariamente ao assunto, demonstrando (1) **que você dá alguma importância às opiniões da sogra** ("A senhora sabe, desde aquele dia eu fiquei intrigado com a sua convicção sobre aquele problema da crase e resolvi me aprofundar no tema" – vá por aí, que irá muito bem) e (2) **que você é um estudioso**; só os ignorantes não mudam de opinião.

à vista

A leitora quer saber se uma **venda a prazo**, além dos juros, também leva acento de crase; o Professor mostra que não. O problema é a venda **à vista**.

*Prezado Doutor, sei que em frases como "vou pagar **a vista** e não **a prazo**" não se deve utilizar o acento de crase. Mas, quando for no início de frases ou indicadores, como fica? Por exemplo, devo escrever*

      À vista: R$500   ou   **A vista**: R$500?
      À prazo: R$515   ou   **A prazo**: R$500?"

Cláudia Leite

Minha prezada Cláudia, **a prazo** jamais vai receber acento indicativo de crase, esteja no início, no meio ou no fim da frase. O motivo é muito simples: é impossível existir, antes desse substantivo masculino, o artigo definido feminino, que, como você bem sabe, é um dos ingredientes indispensáveis para que ocorra o fenômeno da crase.

Agora, com **a vista** o problema é um pouquinho diferente. Pelo simples paralelismo com o **a prazo**, em que só temos a **preposição** (mas não o **artigo**) antes do substantivo, fica evidente que em **a vista** também só temos a preposição pura. Contudo, por permitir algumas estruturas ambíguas (como, por exemplo, "**a vista é melhor**"), muitos gramáticos incluem este caso entre aqueles em que o acento grave é utilizado apenas para assinalar a **locução adverbial** (e não, como seria o comum, o encontro de dois **As**). O uso deste acento (independentemente da posição em que aparece na frase) é opcional nesses casos, não sendo aceito por alguns autores de renome. Eu uso sempre, se você quer saber.

Crase antes de **Terra**

Veja por que, na frase "os marcianos voltaram **à Terra**", devemos empregar o acento indicativo de crase.

*Professor, gostaria que o senhor esclarecesse o **emprego da crase** diante da palavra **terra**, sobretudo nesta oração: "Os marcianos voltaram a **Terra**". Afinal, usamos o acento diante do substantivo próprio **Terra**, referindo-nos ao planeta em que vivemos?*

Petrúcio Jr.

Meu caro Júnior, acho que conheço a origem remota dessa sua dúvida. No (mau) ensino tradicional da crase, relacionavam-se os casos em que "a crase era **proibida**" [sic!] – e entre eles figurava a palavra **terra** quando usada por oposição a **bordo**: "Os marinheiros foram **a terra**". Ora, professor de Português que se preze já abandonou, há muito tempo, essa forma jurássica e equivocada de explicar o **A** acentuado. Como este acento só poderá ocorrer quando houver a **crase** (fusão) da preposição com o artigo, não é necessário ficar enumerando as dezenas de casos em que tal encontro **não** acontece, como se fossem regras específicas. Um professor que ensina a seus alunos que "não existe crase antes de verbo" está transmitindo a seus infelizes alunos a ideia errônea e nefasta de que possa existir uma lista de palavras **favoráveis** e outra de palavras **desfavoráveis** à crase. O que ele deve fazer é, a partir do princípio geral (**não há crase sem a presença do artigo feminino**), mostrar ao aluno que ele sequer deveria se preocupar em acentuar um **A** que esteja antes de um **verbo**, ou antes de um **pronome indefinido**, ou antes de uma **palavra masculina**, etc. – casos esses em que é impensável a presença do artigo feminino "**A**".

Isso nos traz de volta à sua pergunta: podemos acentuar o **A** antes de **terra**? A resposta é simples: desde que a preposição encontre um artigo feminino antes desta palavra. No exemplo acima, dos marinheiros, o vocábulo é usado com um sentido **indefinido**, que não admite o artigo (definido) ("O navio está **em** terra", "O grito veio **de** terra"). Observe, no entanto, a sequência: a espaçonave deixou **a** Terra, a espaçonave saiu **da** Terra, a espaçonave caiu **na** Terra, a espaçonave voltou **à** Terra. Como você pode ver, sempre usamos o artigo definido com o nome de nosso planeta. Isso também ocorre quando empregamos **terra** para indicar o lugar que se opõe ao céu, no sentido místico ou mitológico: "Zeus saiu da vastidão azul do céu e voltou mais uma vez **à terra**"; "Cristo veio **à terra** para salvar os homens".

àquele

> Fique sabendo que **não** existem, em momento algum, regras que **proíbam** ou **permitam** o uso do acento de crase. Tudo é uma questão de destino.

*Prof. Moreno, embora não se use o acento grave, indicador da crase, antes de palavra **masculina**, o uso de **àquele** (contração da preposição **A** com o pronome demonstrativo **aquele**) – "Diga **àquele** rapaz que não faça tanto barulho" – seria exceção à regra geral? Não o sendo, qual a explicação? Grata.*

Sílvia P. – Rio de Janeiro (RJ)

Minha cara Sílvia, não há nada de especial quanto ao acento de **àquele**; acontece que você foi mais uma das vítimas do mau ensino de Português. **Não existem regras negativas de crase**. Isto é, não existem regras sobre o **não-uso** do acento grave. A crase ocorre quando um **A** se encontra com outro, e pronto. Em 90% das vezes, trata-se do encontro [**prep. A** + **artigo A**]. Ora, como este precioso artiguinho feminino só pode aparecer antes de substantivos femininos, é uma **consequência** lógica (não uma **proibição**!) que isso não ocorra antes de substantivos masculinos.

No entanto, nos outros 10%, a crase ocorre quando a preposição **A** (esta não pode faltar nunca a este baile) se encontra com o "**A**" inicial dos pronomes demonstrativos **aquele** (e suas flexões **aquela**, **aqueles**, **aquelas**) e **aquilo**. "Não me refiro **a** este aluno, mas sim **àquele**"; "Quanto **àquilo**, posso assegurar-te..." – e assim por diante. Nada de mais.

Ocorre que há dezenas de péssimos manuais, usados por professores de formação apressada, que tratam a crase como se fosse um sistema de regras determinadas por alguém – como se fosse uma lei, com artigos e parágrafos e incisos e casos especiais. Por causa disso, muitos se revoltam contra a crase, julgando-a uma imposição arbitrária; não poucos leitores já me escreveram perguntando quando é que vão "**revogá-la**"! Para piorar o quadro, esses manuais vivem chamando a atenção de seus desafortunados leitores (ou alunos) para os casos em que "a crase é **proibida**" [sic!].

Não estranho, portanto, que você fique cismada com o acento de **àquele**. O próprio Millôr – para mim, um dos escritores brasileiros mais conscientes da linguagem que utiliza – vive escrevendo a respeito de **àquele** e de **àquilo**, que ele gosta de apontar como exceções à regra que diz só existir crase antes de palavra feminina. O problema, Mestre Millôr, é que essa regra está **incompleta**, formulada por esses gramatiquinhos que disseminam por aí sua deficiente compreensão dos fenômenos da língua; eles simplesmente esqueceram a segunda possibilidade, em que a preposição encontra o **A** inicial do pronome demonstrativo. Agora tenho certeza de que você vai ficar em paz com o acento de **àquele**.

crase com possessivos

> O Professor explica: acreditar que haja casos em que a crase é **opcional** é o mesmo que acreditar que, aproximando um fósforo aceso da gasolina, a explosão será opcional.

Prezado Professor Moreno, ao responder a uma pergunta minha, o senhor escreveu: "refiro-me À sua consulta de dezembro do ano passado". Existe essa crase antes de pronome possessivo? Obrigado mais uma vez.

Klein – Novo Hamburgo (RS)

Meu caro Klein, eu podia ser chato no bodoque e responder, muito simplesmente: "Se eu usei, é porque tem, ora!". Mas, como sou um eterno professor, vamos ao problema: antes de mais nada, não se discute a existência ou a não-existência de crase antes dos possessivos. A crase é a aproximação da preposição "**A**" com o artigo feminino "**A**" – mais ou menos como aproximar um fósforo da gasolina. Se eles entrarem em contato, nada vai impedir a combustão; da mesma forma, se um "A" encontrar o outro, vai acontecer o fenômeno chamado de **crase**, assinalado na escrita pelo acento grave.

Se você ler o que escrevi em "**à Maria, a Maria**", verá que antes dos nomes próprios podemos usar (ou não) artigo; dessa forma, a decisão que tomarmos vai influir na ocorrência (ou não) do artigo necessário para que a crase ocorra. Algo semelhante acontece antes dos **possessivos**: nosso idioma nos permite optar entre usar – ou não – o artigo antes deles. Uns dizem "a janela **de** meu quarto"; outros, "**do** meu quarto". "Leve isso **a** meu filho" ou "**ao** meu filho". No feminino, da mesma forma: ou "entregue isso **a** minha filha" (só preposição) ou "entregue isso **à** minha filha" (**preposição** + **artigo** = bingo!). Temos aí uma crase, que deverá ser indicada, na escrita, pelo acento grave. Tudo depende, como você pode ver, da nossa decisão de empregar ou não o artigo.

Dizer, como o fazem alguns autores, que aqui a crase seria **opcional** seria o mesmo que dizer que, juntando o fósforo à gasolina, a explosão vai ser opcional. Claro que não é; o que podemos optar é aproximar ou não o maldito fósforo, mas, uma vez tomada a decisão de usar o artigo definido, as consequências fogem a nosso controle. A maior prova disso aparece quando usamos **possessivos no plural**; aí a trama fica bem visível. "Entregue isso **a** minhas filhas" (o "**A**" é preposição pura, sem acento) ou "entregue isso **às** minhas filhas" (o "**s**" revela que o artigo está presente, e a acentuação é obrigatória).

crase e pronome de tratamento

O Professor explica por que **nunca** haverá acento de crase antes de **Vossa Excelência**, **Vossa Senhoria**, etc.

*Caro Professor, em "vimos solicitar **A** Vossa Excelência", o "**A**" não leva acento de crase mesmo? E se eu raciocinar que a frase é "vimos solicitar **a** (a) Vossa Excelência" – não existe aí uma duplicidade de "**A**s"? A propósito, em uma dedicatória, o correto é escrever "**À** minha amiga Maricota" ou "**A** minha amiga Maricota"? Obrigado pela força.*

Afonso – Campo Grande (MS)

Meu caro Afonso, você jamais vai encontrar um acento de crase antes de **Vossa Excelência** (e demais formas de tratamento – incluindo o **você**) pela simples razão de que o Português **não aceita artigo antes dessas**

formas! "O discurso **de Vossa** Excelência" (e não **da**), "Confio **em** Vossa Excelência" (e não **na**), "Só penso **em** você", etc. Ora, você sabe muito bem que a crase ocorre quando a **preposição** encontra o **artigo**; logo...

Quanto ao uso de artigo antes de pronomes possessivos, essa é uma daquelas situações em que o falante tem total liberdade de escolher. Eu digo "o carro **de** (ou **do**) meu filho", "eu estava pensando **em** (ou **na**) minha filha". Dessa forma, no caso que você menciona, pode usar o artigo (com o consequente acento de crase: **à** minha amiga) ou **não** (nesse caso, o "**A**" vai ser uma preposição pura: **a** minha amiga). A crase não é bicho bravio, não; com jeito, ela se amansa.

crase e subentendimento

O Professor mostra que na frase **A água ferve A cem graus** não se pode subentender a palavra **temperatura**, que justificaria o acento de crase.

*Caríssimo Professor, em expressões do tipo "**a setenta graus...**", em que se subentende a palavra **temperatura**, usa-se ou não a crase? Obrigada pela luz!!!*

Olga Martins

Minha cara Olga, sua pergunta revela que você conhece o princípio fundamental da crase – ela só pode ocorrer **antes de uma palavra feminina**, esteja ela **expressa** ou **subentendida**. Contudo, neste caso não há subentendimento algum; devemos escrever **a setenta graus**, sem acento de crase, porque aqui o "**A**" é simples preposição. Vou mostrar uma construção com vocábulo

elíptico (o que você chama de **subentendido**), para vermos a diferença: "A massa fica pastosa **à temperatura** de cinquenta graus, mas se liquefaz quando chega **à de** setenta graus". Se mostrarmos essa construção para qualquer pessoa, ela vai recuperar a palavra **temperatura** entre o **a** e o **de**. Como esse vocábulo subentendido traz consigo o artigo feminino, temos aqui uma crase. Se tomarmos, no entanto, a frase **A água ferve a cem graus**, o máximo que se poderia subentender (com boa vontade...) seria "a cem graus **de temperatura**" – no final do sintagma, longe, portanto, daquela preposição "**A**". Espero que esta "luz" possa lhe esclarecer.

crase precisa de um artigo!

> Quatro leitores enviam quatro perguntas diferentes sobre a crase; o Professor mostra que, no fundo, todas se referem à presença do artigo.

Da mesma forma que a ocorrência da crase é muito mais limitada do que parece, as dúvidas sobre ela também giram sobre os mesmos pontos de sempre. Quatro leitores apresentam suas dúvidas sobre o emprego do acento de crase; à primeira vista, podem parecer quatro perguntas diferentes, mas veremos que todas tratam da presença do artigo feminino.

*(1) Professor Moreno, qual é a forma correta? "A revista foi feita **à** muitas mãos" ou "A revista foi feita **a** muitas mãos"? Ou seja, ocorre crase antes de **muitas** ou não? Desde já, fico muito agradecida.*

Geda L.

Prezada Geda, é evidente que nesta frase não está presente um dos ingredientes indispensáveis para a crase, que é o **artigo feminino**. Se ele estivesse na frase, você teria um **as** antes de **muitas**. O **a** que temos aí é simplesmente a preposição e, *ipso facto*, **não** pode receber acento de crase.

(2) *Caro Professor Moreno, tenho uma dúvida que pode parecer banal, mas que não consigo sanar: em "embalagem a vácuo" e "empacotado a vácuo", ponho ou não ponho acento de crase? Não se trata de uma **maneira** de embalar ou empacotar? Muito obrigada.*

Telma Ferreira

Minha cara Telma, para que haja acento de crase, é necessário que a preposição "**A**" se encontre com o artigo feminino "**A**": "entregue isso **a** (preposição) + **a** (artigo) diretora" = **à** diretora. Logo, é **impossível** encontrar esse segundo "**A**" (o artigo feminino) antes de um vocábulo **masculino** como **vácuo**. É por isso, Telma, que se diz que não ocorre acento de crase antes de masculinos: é pela absoluta falta do segundo elemento necessário, o artigo. Embalagem **a vácuo**, motor **a diesel**, navio **a vapor**, preencha **a lápis** – todos sem acento, porque todos são masculinos.

(3) *Prezado Professor, em **atendimento especial a clientes**, o "**A**" leva acento de crase? Por favor, responda esta, porque a briga interna aqui é grande. Grato.*

Klein

Meu caro Klein, para que haja acento de crase, é necessário que a preposição "**A**" se encontre com o artigo feminino "**A**". Supondo que vocês só tivessem **mulheres** como clientes (um Centro de Ginecologia, por exemplo – o que não me parece ser o caso de vocês...), o anúncio poderia prometer "Atendimento **às** clientes". Note que a presença do "**s**" final revela claramente que o artigo feminino está ali, junto com a preposição. No caso de "Atendimento **a** clientes", no entanto, esse "**A**" é indiscutivelmente uma preposição isolada; **não** há hipótese, portanto, de receber o acento de crase.

(4) *Caro Professor Moreno, uma dúvida gerou muita confusão entre meus colegas de trabalho: folheado à ouro ou folheado a ouro? Alguns argumentaram que, devido à palavra **ouro** ser masculina, a crase não se aplica; outros argumentaram que ela se aplica, pois a palavra feminina está implícita. Você pode pode nos ajudar com essa dúvida?*

Toni Lazaro

Prezado Toni, aqui não há como tentar enxergar uma palavra feminina **elíptica** (subentendida) antes de **ouro**. Portanto, não há artigo feminino e, consequentemente, não pode haver acento de crase. E mais: mesmo que fosse "folheado **a prata**", também não haveria o acento, porque aqui, em ambos os casos (**ouro** ou **prata**), não está sendo empregado **o artigo definido**; o "**A**" é apenas a preposição.

das oito às doze

Um leitor quer saber se a loja abre "das 8h **as** 12h" ou "das 8h **às** 12h", "de segunda **a** sexta" ou "de segunda **à** sexta".

*Devemos escrever "**das 8h as 12h**" ou "**das 8h às 12h**"? Ou as duas formas são corretas? Nesse caso, o **a** está substituindo o **até** ou o **para**? Da mesma forma, pergunto: é "**de segunda a quinta-feira**" ou "**de segunda à quinta-feira**"? Um abraço e muito obrigado.*

Fábio Cezar M. – Jaraguá do Sul (SC)

Meu caro Fábio, como todos nós estamos cansados de saber, a **crase** (assinalada, na escrita, pelo acento grave) é o encontro da **preposição** "A" com o **artigo** "A". Na sua pergunta, quando você escreve "**das** 8h", fica claro que o artigo está presente (**das** é formado pela preposição **de** mais o artigo **as**); consequentemente, antes de "12h" ele também deverá estar: "**das** 8h **às** 12h" – com acento indicativo de crase. Se algum felizardo começa a trabalhar às 8h e encerra o batente às 12h, essa é a única maneira correta de escrever. Outra coisa bem diferente seria "ele trabalha **de oito a doze horas** por dia"; neste caso, "**de** oito a **doze**" não se refere a **quando** ele começa e termina, mas sim a **quantas** horas de trabalho são cumpridas.

Com os dias da semana é um pouco mais sutil. Vamos examinar primeiro a construção "**de segunda a sexta-feira**". O **de** aqui é apenas a **preposição**, pois o artigo feminino não está sendo usado antes de **segunda**; logo, antes de **sexta-feira** também não estará, o que fica bem claro se trocarmos **sexta-feira** por um dia da semana masculino: "**de** segunda **a** sábado".

Há, no entanto, outra forma de escrever isso, com o mesmo sentido: "**da** segunda **à** sexta-feira". Aqui é diferente: o **da** [de+a] sinaliza a presença do artigo, o que vai resultar obrigatoriamente na grafia "**da** segunda **à** sexta". Mais uma vez isso vai ficar bem visível se usarmos um dia da semana masculino: "**da** segunda **ao** sábado". Ambas as construções estão corretas; você pode escolher entre elas, desde que não as misture.

P.S.: Um conselho: pare com esse mau hábito de tentar substituir a preposição "**A**" por outra (**até**, **para**, etc.). Eu sei que alguns gramáticos menores vivem recomendando este "recurso". É charlatanice! Preposições não se substituem; das 600 mil palavras de nossa língua, menos de **vinte** – repito: menos de vinte! – são preposições. Você acha que haveria a possibilidade de duas delas se equivalerem? Nem em dez milhões de anos.

ensino à distância

> Nem sempre o acento colocado em cima do "**A**" assinala a ocorrência de uma **crase**; às vezes, pode ser uma simples preposição.

*Prezado Prof. Moreno, por que **ensino a distância** não leva acento de crase? Discutimos aqui que poderia ser pelo fato de não estar determinada a distância, já que temos o acento em frases como "o carro estava **à distância** de 100 metros". É isso? Fui* *ao **Aurélio** e vi que são aceitas as duas formas. Um abraço e muito obrigada.*

Maria G. – Jornalista – Londrina (PR)

Minha cara Maria, a maioria dos gramáticos atuais aceita a hipótese de usarmos acento grave numa série de expressões com palavra feminina em que o "**A**" é simples preposição, isto é, **sem que ocorra ali um encontro de dois As**. Há casos em que isso tem a clara intenção de desambiguizar a expressão, evitando que a preposição possa vir a ser lida como artigo, o que alteraria o significado: vender **à vista** (compara com vender **a prazo**: só a preposição está presente); bater **à máquina**; fechar **à chave**; apanhar **à mão**; pescar **à rede**; estudar **à noite**. Em muitos outros, contudo, mesmo sem a possibilidade de leitura ambígua, já ficou tradicional esse acento sobre a preposição: **à direita**, **à esquerda**, **à força**, etc. Como conclui Luft: "A tendência da língua é acentuar o **a** inicial das locuções femininas (adverbiais, prepositivas e conjuntivas), **mesmo quando não é crase** [o grifo é meu]".

Quanto à locução **à distância**, tanto o ***Grande Manual de Ortografia Globo*** (Luft) quanto o ***Aurélio-XXI*** e o dicionário ***Houaiss*** indicam, expressamente, a dupla possibilidade de grafia; então, Maria, não hesite: use o acento, e estará aderindo ao sentimento da grande maioria dos seus leitores.

Curtas

crase em data

> Luciana M., de Campinas (SP), tradutora, ficou em dúvida na hora de escrever **de 1998 a 1999**. Diz ela: "Creio que aqui não ocorre crase, pois ambos são anos e, portanto, palavras masculinas; contudo, tenho visto tanto **A** como esse acentuado em currículos que fiquei insegura".

Minha cara Luciana, é claro que **não** tem! O **A** que está presente na expressão "**de 1998 a 1999**" é apenas uma preposição solitária; jamais poderíamos encontrar o **artigo feminino** antes de um **numeral**.

baile **a fantasia**

> Vitória gostaria de saber se a expressão **baile a fantasia** leva ou não o acento de crase, e por quê.

Minha cara Vitória, **baile a fantasia** é como **baile a rigor** – este **A** é uma simples **preposição**, sem a companhia do **artigo**. Não vamos escrever, portanto, com acento.

a bordo

> O leitor Ednaldo Ariani pergunta se existe crase na expressão **a bordo.**

Meu caro Ednaldo, como **bordo** é um **substantivo masculino**, não pode existir acento de crase nesta expressão, pois ficará faltando aquele artigo feminino indispensável. Em **a bordo** (como em **a bombordo**, **a boreste**), este "**A**" é uma simples preposição. Além disso, se ocorresse artigo aqui, seria o masculino "**O**".

dada à?

> Ica S., de São Paulo (SP), comenta uma frase que escrevi: "A tarefa é inglória, **dada a** descomunal diferença". Sua dúvida: por que não há acento de crase naquele "**A**"?

Prezada Ica, porque **dado** não é seguido de preposição. "**Dado o** mau tempo", "**dados os** resultados", "**dada a** falta de luz" – não existe ali a preposição indispensável para que ocorra a crase. Diferente seria **devido**; aí sim: "devido **ao** mau tempo", "devido **à** falta de luz".

a suas ordens, às suas ordens

> A leitora Ione M., de Porto Alegre, deparou no jornal de domingo com uma manchete que diz: "O governo **A** suas ordens"; não deveria ser "O governo **AS** suas ordens"?

Prezada Ione, não, não deveria ser. Ou fica assim como está ("o governo **A** suas ordens"), ou usamos o artigo ("o governo **ÀS** suas ordens"). Antes de possessivos, **decidimos** se queremos ou não usar o artigo definido. Compara, no masculino, "ele estava **A** seus pés" (só a preposição) com "ele estava **AOS** seus pés" (prep.+artigo).

sujeito a pagamento

> O simpático Valtinho pergunta se é correto escrever "Sujeito **à** pagamento de multa".

Meu caro Valtinho, claro que não! Onde vamos encontrar o artigo **feminino** (um dos polos indispensáveis da crase) antes de um substantivo **masculino** como **pagamento**? Não há dúvida de que aí está apenas a **preposição** isolada.

a granel

> Rogério foi ao supermercado e viu um cartaz no balcão que anunciava arroz e feijão **à granel**; desconfiado, quer saber se o gênero do substantivo justifica o acento de crase.

Meu caro Rogério, **granel** é um substantivo **masculino**; como em qualquer outro, não podemos supor, antes dele, um artigo definido **feminino**, o que nos deixa com uma preposição purinha. "Arroz e feijão **a granel**" – essa é a forma correta.

voltar a São Paulo

> A leitora Telma F., perguntadora habitual, quer saber por que "voltei **a** São Paulo" não tem acento de crase, enquanto "vou **à** João Mendes (praça)" tem; existe alguma regra do tipo "antes de cidade" ou "antes de praça"?

Minha cara Telma, não tem nada a ver com o fato de ser cidade ou praça. O problema está na presença (ou não) do artigo. Vou **a** São Paulo, venho **de** São Paulo – como acontece com 99% dos nomes de cidade, **não** usamos **artigo** aqui e, portanto, não se pode pensar em crase, que precisa dele para existir. No caso da praça João Mendes, quer usemos (ou não) a palavra **praça**, o artigo está ali: venho **da** [praça] João Mendes, isso aconteceu **na** [praça] João Mendes. Por isso, "vou **à** João Mendes". É bem simples.

a frio

> Sônia C. escreve dizendo que sabe que não podemos usar crase antes de palavras masculinas, mas pergunta, assim mesmo, se deve usar o acento de crase na expressão **a frio**.

Minha cara Sônia, se você mesma enunciou corretamente, no início de sua mensagem, o princípio fundamental da crase, de onde veio essa insegurança? Se aceitarmos que **nunca** ocorre crase antes de **masculino**, por que iria, então, aparecer antes de **frio**? Aliás, se houvesse um artigo aí, junto com a preposição, seria "**O**", e não "**A**". Teríamos, então, "**ao frio**".

> P.S.: Inconformada, a leitora voltou a escrever: "Entendi sua resposta, mas se nós, na frase 'revestimento **à frio**', considerarmos este **à frio** como adjunto adverbial de modo, mesmo assim o acento de crase está errado?"

Minha cara Sônia, eu é que não entendi a sua segunda pergunta. Vou tentar ser mais claro: se você puser essa crase em **a frio**, rogo-lhe uma praga! Não interessa se **a frio** é adjunto adverbial ou tenha qualquer outra função sintática; **jamais** poderá haver ali um artigo definido feminino! Lembre que esses artigos (os femininos) têm o péssimo hábito de aparecer apenas **antes de substantivos femininos**! O "**A**" que está na frase é só a preposição.

crase antes de **sócio**

> Frederico A. transcreve o título de um documento em que é feita uma proposta de remuneração para os sócios de uma

empresa: "Proposta de Remuneração **a** Sócio Executivo". Sua dúvida é se o "**A**" deve ou não levar o acento de crase.

Meu caro Frederico, dá para fazer uma cocada sem usar coco? Não? Então também não dá para formar uma crase sem um dos ingredientes básicos, a **preposição** ou o **artigo feminino**. Agora me diga, aqui entre nós: como você pretende arranjar um artigo feminino antes de **sócio**, vocábulo masculino? Aliás, aqui nem o artigo **masculino** está sendo usado, já que **sócio** está em sentido genérico: é "proposta **a** sócio" (qualquer), e não "**ao** sócio" (um sócio determinado). Se fosse no feminino, também não teria acento: "Proposta **a** Sócia Executiva".

confusão na regra da crase

> Cláudio, de São José do Rio Preto (SP), afirma que seu professor sempre ensinou "que o **A** deve levar acento de crase quando antecede uma palavra feminina"; no entanto, mais de uma vez ele encontrou um **A** antes de palavra feminina que ficou sem este acento. Pergunta: "Isso é verdade ou não? O professor também disse que não havia exceção alguma".

Meu prezado Xará, não troque as palavras do seu professor! O que ele disse – tenho absoluta certeza! – foi que "só pode ocorrer crase antes de palavra feminina", o que é muitíssimo diferente do que você está afirmando. Dito de outra forma: todo "**A**" com acento de crase deverá estar antes de palavra feminina, o que não significa que todo "**A**" antes de palavra feminina deva ter acento de crase (todo buldogue é cachorro, mas nem todo cachorro é buldogue). Em centenas de frases, o **A** antes de uma palavra feminina pode ser mera preposição ou mero artigo.

a jornalistas

> G. Soares, de Portugal, escreveu a frase "**Associação entrega prêmio à jornalistas**" e não concorda com os colegas que afirmaram que aquele acento está equivocado. Acrescenta: "Afinal, a palavra **jornalista** pode ser usada tanto para o homem como para a mulher, não é?".

Meu caro Soares, não se trata de um veredito (ou **veredicto**, como você usou; ambos estão corretos), mas de uma simples regra de crase. Se escrevermos **a jornalistas**, jamais poderia haver acento neste "**A**", que é, sem dúvida, apenas **a preposição isolada**. Se tivéssemos aí um "**AS**", então a presença do **S** final revelaria que também ocorre um artigo, tornando obrigatório o uso do acento: "Associação entrega prêmio **às** jornalistas" – só que me parece que você não estava se referindo a um grupo de **jornalistas femininas**, não é?

sujeitos a revisão

> Roberto Coimbra quer confirmar o seu raciocínio quanto ao uso do acento de crase: na expressão "dados sujeitos **a** revisão", não ocorre crase porque o substantivo está empregado em sentido genérico; já em "dados sujeitos **à** revisão **da Diretoria**", o artigo aparece e, com ele, o acento. "Posso pensar assim?"

Prezado Roberto, o seu raciocínio está perfeito. Se o substantivo não estiver determinado, não podemos empregar o artigo **definido**, um dos ingredientes indispensáveis para que ocorra a crase. Você pode encontrar exemplo semelhante comparando "penalidade sujeita **a** multa" (a uma multa, indefinida) com "penalidade sujeita **à** multa de dois salários mínimos".

desrespeitar **às** normas?

> L. Ribeiro, de Santa Maria (RS), não entende por que uma banca de concurso considera errado colocar acento de crase em "desrespeitarem **as** normas de trânsito".

Meu caro Ribeiro, o verbo **desrespeitar** é transitivo direto ("eu desrespeito **o** regulamento", não "**ao**") e, como tal, não tem a preposição **A** que seria necessária para que ocorresse a crase, que é sempre [**A** + **A**]).

a todas

> Carmem V., de Barreiras (BA), prepara um texto para o site de sua empresa e precisa saber se escreve "Nesta seção, você terá acesso **a** todas as vagas" ou "**à** todas as vagas".

Prezada Carmen, fica sem acento de crase. Este "**A**", antes de **todas**, é a preposição pura. É natural que não apareça aqui o artigo **definido**, um dos ingredientes indispensáveis da crase, já que **todas** é um pronome **indefinido** e eles nunca vão andar juntos. Se você passar para o masculino, a coisa fica bem evidente: "acesso **a** todos os níveis".

à parte interessada

> Angela G., de Vitória (ES), quer saber se o "**A**" em "**a** parte interessada" deve vir com acento indicativo de crase.

Minha prezada Ângela, mas como é que eu vou responder à sua pergunta? A crase é o encontro de uma preposição com um artigo definido; você me envia um segmento em que o artigo parece estar presente ("**a** parte interessada"), mas não sei como essa frase começou! A presença (ou não) da preposição vai depender da **regência do verbo** que você estiver empregando; por exemplo, "convoque **a** parte interessada" (transitivo direto), "refiro-me **à** parte interessada" (transitivo indireto).

a meia-voz

> Isadora F., de Uruguaiana (RS), quer saber se o **A** na frase "Ele segredou algo **a** meia-voz" leva acento de crase.

Prezada Isadora, não, não tem acento de crase. Se comparamos esta construção com expressões análogas como **a meia-luz**, **a meio pau**, podemos verificar que, nestes casos, o **A** é apenas a preposição; o artigo não está presente.

a laser

> André pergunta se deve escrever **remoção de tatuagem à laser** ou **remoção de tatuagem a laser** na sua tabuleta.

Meu caro André, se **laser** é um substantivo **masculino**, como é que você consegue imaginar uma crase ali? É igual a **caldeira a óleo**, **feito a martelo**, **cortado a facão**, e assim por diante – sem o acento.

a crase depende do contexto

> José R., de Brasília (DF), pergunta se ocorre crase na expressão **em relação a**.

Meu caro José, faltam dados na sua pergunta! Como vamos saber se ocorre crase ou não, se não temos o resto da frase? Tudo depende do que vier depois da expressão: **em relação A minhas dívidas** (só preposição); **em relação AOS tributos** (preposição + artigo masculino); **em relação À pesquisa** (preposição + artigo feminino).

devido à variedade

> O leitor Jequitibá (será pseudônimo?) quer saber se na frase "devido **a** grande variedade e acabamento dos materiais, recomenda-se teste prévio" existe acento de crase.

Meu caro Jequitibá, é claro que existe! Veja como ficaria no masculino: "Devido **ao** grande número...". Como você sabe, isso indica que tanto o **artigo** quanto a **preposição** estão presentes. Logo, por analogia, acontece o mesmo no feminino: "Devido **à** variedade..."; "Devido **à** falta de provas"; "Devido **às** fortes chuvas de ontem".

à la carte

> Roberta A., de São Paulo, sempre escreveu **a la carte**, mas tem visto, na maioria das vezes, **à la carte**. Como é a forma certa?

Minha cara Roberta, o correto é **à la carte**, porque isso é Francês, e nesse idioma o "A" é sempre acentuado quando for preposição. Não se trata, aqui, de um caso de **crase**; o acento grave do Francês é um acento extremamente comum e não tem a mesma função que tem no Português.

a la antiga

> Giselle, de Santos (SP), vem perguntar se não deveria ter acento no **A** da expressão **a la antiga**, que encontrou em um artigo de minha autoria.

Minha cara Giselle, não, esse **A** não leva acento, porque é apenas preposição. O **la** é a forma desusada do nosso artigo definido **A**, que aparece em muitas expressões cujo sabor arcaizante muito me agrada: **a la moda**, **a lo largo**, **a la pucha**, **a las tantas**. Não deve ser confundido com a expressão **à antiga** [à **moda** antiga] ou com o francês *à la mode*, por exemplo, em que o *a* apresenta, inclusive, o acento grave característico da preposição francesa.

crase com **para?**

> Michela S. quer esclarecer a dúvida na frase "A reunião está marcada para **as** 9 horas". Diz ela: "Acho que não vai acento de crase no **as** antes das horas por causa da preposição **para**. Estou correta?".

Minha cara Michela, você está corretíssima; se já temos a preposição **para** na frase, de que modo poderia ocorrer também a preposição **a**, presença indispensável para que a crase ocorra? É claro que é "para **as** nove".

com destino **a** Sorocaba

> José Francisco quer saber se deve empregar o acento de crase na expressão "com destino **a Sorocaba**", como defendem os seus colegas de trabalho. "Para mim, ela equivale a 'com destino **para** Sorocaba' (e não '***para a** Sorocaba'), o que indicaria que a crase não é possível."

Meu caro José Francisco, seu raciocínio está correto. Mas o que desejam esses seus colegas? Desde quando se usa artigo antes de Sorocaba? Vive-se **em** Sorocaba, gosta-se **de** Sorocaba... Ora, se não existe o artigo, falta um dos polos indispensáveis para a crase, como todos nós sabemos!

com e sem acento de crase

> E. Nerone, outro leitor do Paraná, quer saber qual é a forma preferível: (1) Tradição e qualidade **à** sua mesa; (2) Tradição e qualidade **na** sua mesa; ou (3) Tradição e qualidade **em** sua mesa?

Prezado Edson, sua dúvida é sobre qual a preposição que você deve usar – se o **a**, se o **em**. Como ambas são cabíveis nessa frase, teremos **quatro** combinações possíveis, já que o emprego do artigo antes do pronome possessivo é de livre escolha do falante:

(1) Tradição e qualidade **à** sua mesa (prep.+artigo);
(2) Tradição e qualidade **a** sua mesa (só prep.);
(3) Tradição e qualidade **na** sua mesa (prep.+artigo);
(4) Tradição e qualidade **em** sua mesa (só prep.).

Gosto da (1), da (3) e da (4); talvez pela tradição literária, prefiro a (1). Escolha a sua preferida.

a/à Marilda

> Maria Eduarda gostaria de saber se o cartaz "Movimento de apoio **a** Marilda", visto em uma campanha eleitoral, está correto. "Não utilizamos acento de crase nesse **A**?"

Prezada Maria Eduarda, antes de nomes próprios, podemos decidir livremente se vamos usar (ou não) o artigo definido. Tanto faz "Movimento de apoio **a** José" quanto "Movimento de apoio **ao** José". É claro que isso também acontece no feminino, com as conhecidas consequências quanto ao acento de crase: "Movimento de apoio **a** Marilda" (só preposição) ou "Movimento de apoio **à** Marilda" (preposição e artigo).

forno **a lenha**

> Andrezza, de Ribeirão Preto (SP), quer saber se deve escrever **forno a lenha** ou **forno à lenha,** e por quê.

Minha cara Andrezza, forno **a lenha**, forno **a óleo**, forno **a gás** – note que, em todas elas, só temos a preposição **a**. Se o artigo também estivesse presente, aí sim teríamos "*à lenha", "*ao óleo", "*ao gás".

a partir

> E. Vieira ficou com dúvidas quanto ao uso do acento de crase em **a partir de**, ao ver que muitos escrevem com o acento, mas outros escrevem sem ele.

Meu caro Vieira, antes de **partir**, que é verbo, é impossível sequer imaginar a existência de um artigo feminino singular; é claro que este **A** é apenas **preposição** e será escrito, portanto, sem o acento de crase.

da primeira **à** quarta série

> Daiane E. gostaria de saber se há crase em "ensino **de** primeira **a** quarta séries", e se a regra válida para este caso também se aplica quando escrevemos a expressão com algarismos ("**de** 1ª **a** 4ª séries").

Minha cara Daiane, enquanto você usar apenas a preposição **de**, o **a** vai ser apenas a outra preposição presente na construção paralela e, portanto, **sem** acento de crase: "**de** primeira **a** quarta séries". Se, no entanto, você decidir usar **da** [de+a], aí sim vamos ter uma crase:

"**da** primeira **à** quarta série". Quanto à segunda pergunta, tanto faz dar na cabeça como na cabeça dar: se você trocar o extenso por algarismos, as duas situações que descrevi acima continuam idênticas: "**de** 1ª **a** 4ª séries" ou "**da** 1ª **à** 4ª série".

contas **a pagar**

> Maria de Lourdes S., de Belo Horizonte (MG), recebeu uma correspondência com a expressão "contas **à** pagar"; como tinha aprendido que não se usa crase antes de verbo, ficou em dúvida.

Prezada Maria, você aprendeu certo; não pode haver aí o artigo feminino, presença indispensável na crase. Eu tive um velho professor irascível que sempre nos rogava a mesma praga: "Quem usar acento de crase **antes de verbo**, que a mão seque e caia!"; ele teria feito melhor se nos explicasse que **verbos não admitem artigos**, e pronto – mas, de qualquer forma, o princípio continua o mesmo: é impossível que dois **As** se encontrem antes de um verbo.

crase antes de **mês**?

> O leitor Milton M., de São Paulo (SP), gostaria de saber se só podemos usar a crase antes de palavras femininas. Pergunta: "Posso escrever **mês à mês**?".

Prezado Milton, você mesmo já disse: só ocorre **artigo feminino** antes de **substantivos femininos**. Logo, é impossível haver acento de crase em "**mês a mês**".

referente à

> Ricardo S. gostaria de saber se o "**A**" depois das palavras **pertinente**, **referente**, **pertencente**, etc. deve receber o acento indicativo de crase.

Caro Ricardo, com os vocábulos **pertinente, referente** e **pertencente** sempre usaremos a preposição "**A**"; se este "**A**" encontrar um artigo feminino singular, aí teremos crase (e usaremos o respectivo acento grave): referente **ao** item 5; referente **à** seção 7; pertencente **à** diretoria; etc.

direito à vida

> A. Anderson traz uma dúvida sobre a frase "Que direitos todas as crianças do mundo deveriam ter? **A** educação, **a** família, **a** saúde". Vai acento de crase em cima do "**A**"?

Meu caro Anderson, claro que vamos usar o acento em todos esses "**As**". Em todos eles está **elíptico** (para evitar a repetição ociosa) o vocábulo "**direito**", que rege a preposição **a**: [direito] **à** educação, [direito] **à** família, [direito] **à** saúde.

chegar a/à noite

> Vera Lúcia A., de Moji das Cruzes (SP), quer saber se há diferença entre "chegou **a** noite" e "chegou **à** noite".

Prezada Vera Lúcia, "chegou **à** noite" significa que alguém (ou algo) chegou durante a noite; **à noite**, no caso, é um **adjunto adverbial** de tempo. "Chegou **a** noite", por outro lado, quer dizer apenas que anoiteceu; no caso, **a noite** é o **sujeito** da frase.

frango a passarinho

Marcos H., de Campinas (SP), quer saber se o tradicional prato é **frango a passarinho** ou **frango à passarinha**. "Tenho um amigo, conhecedor da língua, que insiste em dizer que é 'à passarinha', no feminino, pois o nome é proveniente de uma parte das vísceras do boi ou do porco, e seria uma estupidez falar 'a passarinho', pois como se pode cortar um frango baseado no tamanho do pássaro?"

Prezado Marcos, é **frango a passarinho**. Seu amigo não entende nada de culinária. Neste tipo de prato, o frango é cortado em pedaços pequenos (sem respeitar aquela divisão natural em coxas, peito, etc.), de modo a simular mais ou menos o formato da carcaça de um passarinho inteiro – para os nostálgicos do tempo em que nossos bisavós comiam imensas passarinhadas, feitas com pássaros reais (sabiás, tico-ticos, etc.), prato politicamente incorreto que era muito apreciado nas zonas de colonização italiana.

a crase e o Espanhol

Francisco manda dizer que, em caso de dúvida sobre a crase, passa a frase para o Espanhol. "Se na versão eu obtiver a sequência *a la*, uso crase no Português; se obtenho apenas *a* ou *la*, não uso. Gostaria de saber se esse 'truque' funciona sempre ou se apenas tenho tido sorte."

Meu caro Francisco, isso não é "truque"; chama-se, no meu dicionário, **tradução**. Onde o Espanhol tem **a** (prep.) + **la** (art.), no Português nós certamente teremos **a** (prep.) + **a** (art.) = bingo! Ocorre aí uma crase, e temos de usar o acento: "Entregue o livro **à diretora** (*a la directora*); "Não me refiro **a esta mulher** (*a esta mujer*), mas **à que** (*a la que*) atende no balcão de informações". É seguro, sim, e pode ser usado por quem souber Espanhol.

a 200 km

> Gladis Luiza quer saber, na frase "A cidade de Ilha Solteira fica aproximadamente **a** 200 km de Araçatuba", se este **a** deve ser acentuado ou não.

Minha cara Gladis, a resposta é **não**. **Quilômetro**, representado aqui pelo símbolo internacional **km**, é um substantivo **masculino**, o que impossibilita a crase, que só ocorre quando está presente na frase um artigo **feminino**.

5. Concordância verbal

"***Falta** só dois reais", me diz o rapaz da livraria, enquanto procura nos próprios bolsos o troco que não tinha no caixa. Levanto os olhos para ele e hesito; uma vida toda como professor de Português me deu uma grande sem-cerimônia em corrigir o que os outros falam errado, mas a experiência também me ensinou que nem todos aceitam de bom grado uma lição gratuita. Recebo as duas moedas e me afasto, pensando que, ao menos, nem tudo estava perdido, já que ele não disse o "*dois real" de sempre. Eu compreendo o que se passou na mente do balconista; sei que ele sabe (conscientemente ou não, ele **sabe**) que o **verbo deve combinar com o sujeito**, nesse fenômeno que chamamos de **concordância**. Não se trata de caprichar a linguagem que ele está usando; é muito mais profundo. Ele nasceu dentro dessa língua e dentro dela virou gente; logo, este princípio está gravado tão claramente em algum ponto de seu sistema nervoso quanto os comandos que permitem que ele alterne os pés para caminhar para frente. Ora, como é que algo tão elementar e fundamental pôde ser desconsiderado, a ponto de ele usar *falta em vez de **faltam**?

A resposta é muito simples: ele não "**enxergou**" o sujeito. Talvez esta seja a maior fonte de erros de concordância no Português: a dificuldade, em certas construções, de reconhecer o **sujeito**. Isso acontece naturalmente, como veremos abaixo, com a discutível **voz passiva sintética**, a maior responsável pelos erros que os gramáticos do tempo da pomada Minâncora e do Elixir Paregórico chamavam candidamente **erro da**

tabuleta – "*****Vende-se terrenos", "*****Aluga-se apartamentos", etc. – e que hoje figuram nos ***outdoors*** (sei que é um diabo de palavra, mas é insubstituível e, o que é pior, imodificável!), nos classificados dos jornais, nos folhetos de publicidade, na TV e na onipresente internet.

Isso acontece também com os misteriosos **verbos impessoais**, os quais, ao contrário dos outros 99,99% dos verbos de nosso idioma, continuam ostentando a estranhíssima característica de não ser atribuídos a **sujeito algum**. Formam as enigmáticas **orações sem sujeito**, em que somos obrigados a deixar o verbo sempre no **singular** – "**havia** duas pessoas", "**faz** três anos" –, ali onde você, instintivamente, preferiria dizer "*****haviam** duas pessoas" ou "*****fazem** três anos".

o deslocamento do sujeito

Quando passamos o sujeito para **depois** do verbo, ele parece ter sido coberto pelo manto da invisibilidade.

*Caro Professor, puseram um cartaz na entrada da escola dos meus filhos com dizeres que me deixaram em dúvida. Lá está escrito o seguinte: "Pessoal, **falta** só dez dias para o fim do bimestre". Eu acho que deveria ser **faltam**, mas fiquei com vergonha de perguntar, porque a frase foi escrita por uma professora.*

Teresinha de Jesus W. – Ribeirão Preto (SP)

Prezada Teresinha, você está com toda a razão: quem quer que tenha escrito aquela frase foi vítima de uma velha armadilha de concordância. Estamos acostumados a encontrar o sujeito no começo da frase; quando ele é deslocado para uma posição **à direita** do verbo, é muito provável que o confundamos com os complementos. Quando escrevemos, com todo aquele tempo que temos para refletir e revisar, um exame um pouco mais detalhado da estrutura identificaria o sujeito; a maioria das pessoas, contudo, deixa de fazê-lo, cometendo este tipo de erro. Veja os exemplos abaixo (as expressões em destaque são o **sujeito** da frase):

ERRADO:
*No ano passado, teve início **as conferências**.
*Foi anunciado, ontem, **os nomes que compõem o Ministério**.
*Ficou provado, desta forma, **as tentativas de suborno**.
*Espero que seja explicado para todos **a razão de sua atitude**.

CORRETO:
No ano passado, **tiveram** início as conferências.
Foram anunciados, ontem, os nomes que compõem o Ministério.
Ficaram provadas, desta forma, as tentativas de suborno.
Espero que **sejam explicadas** para todos as razões de sua atitude.

Este erro é ainda mais frequente com aquele pequeno grupo de verbos que **normalmente têm o sujeito à sua direita**: **existir**, **ocorrer**, **acontecer**, **faltar**, **restar**, **sobrar**, **bastar**, **caber**. Entre os exemplos a seguir, em que os elementos sublinhados são o **sujeito** da frase, encontramos o erro do nosso balconista (veja explicação introdutória logo antes):

ERRADO	CORRETO
*Falta dois reais.	Faltam **dois reais.**
*Existe aí coisas horríveis.	Existem aí **coisas horríveis**.
*Basta dois comprimidos.	Bastam **dois comprimidos**.
*Sobrou três fatias.	Sobraram **três fatias.**

Imagino que, a esta altura, não adianta reclamar, porque já se passaram vários meses e o cartaz já deve ter sido retirado. Fica, no entanto, o meu conselho: quando você tiver outra dúvida desse tipo, vá falar delicadamente com a professora responsável. Se o texto estiver correto, você terá aprendido alguma coisa; se houver realmente equívoco, todo mundo vai sair ganhando.

concordância com verbos impessoais

Havia ou **haviam** poucos recursos?
Haverá ou **haverão** novas oportunidades?
Houve ou **houveram** dificuldades?

*Prezado Professor, tenho uma dúvida cruel: preciso escolher entre "Caso **haja**" ou "Caso **hajam** dúvidas ou correções". Qual é a forma correta?*

Luís Felipe – São João da Barra (RJ)

Prezado Luís, sua dúvida é realmente "cruel" (não sei se você está dando a este vocábulo o mesmo significado em que o estou empregando): **haver**, aqui, **só** poderia ficar mesmo no singular, porque se considera que este verbo, ao contrário dos demais, **não tem sujeito**. Isso pode parecer um pouco absurdo, mas vou tentar explicar.

Para qualquer brasileiro, a frase "não **havia dinheiro** no cofre" é sinônima de "não **existia** dinheiro no cofre". No entanto, se trocarmos **dinheiro** por **cheques** em ambas as frases, está armada a confusão: na primeira vamos ter "não **havia cheques**", mas na segunda teremos "não **existiam cheques**". O responsável por isso é o fato do verbo **haver** ser considerado **impessoal** – isto é, um verbo completamente anormal **que não tem sujeito algum**.

Todos os falantes sabem que a regra de ouro de nossa sintaxe é a de que todo verbo concorda com o **SUJEITO** da frase. O que devemos fazer, contudo, com esses verbos cujo sujeito é inexistente? O uso culto prefere deixá-los imobilizados na **3ª pessoa do singular**. Felizmente esses verbos formam um grupo extremamente reduzido:

1. **HAVER** – este verbo, quando usado nos sentidos de **existir** ou **ocorrer**, fica sempre na 3ª do singular (o elemento em destaque é analisado como objeto direto):

CORRETO:	ERRADO:
Havia **dez interessados**.	*Haviam **dez interessados**.
Aqui houve **alterações**.	*Aqui houveram **alterações**.
Haverá **sessões contínuas**.	*Haverão **sessões contínuas**.

Você já deve ter-se acostumado a ouvir ****haviam pessoas**, ****haverão dúvidas** – construções provavelmente inspiradas, por analogia, em **existiam pessoas** e **existirão dúvidas** –, mas com certeza ficaria surpreso se soubesse o quanto se discute, entre os estudiosos, a conveniência de considerar, de uma vez por todas, o verbo **haver** como um verbo comum com sujeito posposto. Há bons argumentos contra e bons argumentos a favor desse "reenquadramento" de **haver**, e tanto um quanto o outro lado têm a defendê-los jovens e velhos gramáticos. Aqui se trata, porém, de definir um item do **uso culto escrito**; portanto, se você quer se sentir seguro, não invente moda e opte por deixar o verbo sempre no **singular**. Em outras palavras: se você não quer chamar a atenção de todos durante a cerimônia, use gravata (e, de preferência, com um nó clássico).

2. **FAZER** (e **HAVER**, também), indicando tempo decorrido:

CORRETO:	ERRADO (bem errado!)
Faz três meses.	***Fazem** três meses.
Amanhã **fará** dois anos.	*Amanhã **farão** dois anos.
Fazia duas horas que esperava.	***Faziam** duas horas que esperava.
Havia dois dias que não comia.	***Haviam** dois dias que não comia.

3. **FAZER**, indicando condições meteorológicas:

CORRETO:	ERRADO:
Fez dias belíssimos.	***Fizeram** dias belíssimos.
Na Grécia, **faz** verões rigorosos.	*Na Grécia, **fazem** verões rigorosos.
Ali **fazia** 40° à sombra.	*Ali **faziam** 40° à sombra.

4. **PASSAR DE**, em expressões de tempo:

CORRETO:	ERRADO:
Passa das três da tarde.	*****Passam** das três da tarde.
Passava das duas horas.	*****Passavam** das duas horas.

Não confunda esta estrutura, que é considerada **sem sujeito** (note que **duas horas**, **três horas**, etc. vêm precedidos da preposição **DE**), com o verbo **passar** que aparece nos seguintes exemplos: **passam** três horas do meio-dia; **passavam** três minutos das duas (aqui, **três horas** e **três minutos** são o **sujeito** do verbo.)

5. **BASTAR DE** e **CHEGAR DE**:
Basta de reclamações (e não *****bastam de**).
Chega de pedidos (e não *****chegam de**).

6. **TRATAR-SE DE**, com referência a uma afirmação anterior:

O clube dispensou Jari e Adão. **Trata-se** (e não *****tratam-se**) de dois jogadores sem função na atual equipe.

Lá vêm as duas moças. Não esqueça: **trata-se** (e não *****tratam-se**) das filhas do prefeito.

Portanto, meu caro Luís, o seu **haver** vai ficar no singular: "Caso **haja** dúvidas", "As dúvidas que **houver**", "**Havia** dúvidas", "**Pode haver** dúvidas" – e assim por diante.

há de haver

O Professor esclarece um jovem e interessado leitor que caiu na velha armadilha do verbo **haver**.

*Olá, Professor Moreno! Escrevo para tirar uma dúvida: outro dia usei a forma "**hão de haver** boas músicas lá", só para soar original aos ouvidos de um amigo. Este, porém, ficou inconformado, dizendo que ela não existe, mas sim "**há de haver** boas músicas...". Afinal, existe ou não? Raciocinei do seguinte modo: não há dúvida de que posso dizer "Eu **hei** de conseguir isto", bem como "As músicas **hão** de existir". Pode-se substituir o verbo "**existir**" por "**haver**"; logo, "**Hão de haver** músicas". Se **músicas** estivesse no singular, aí sim o primeiro verbo **haver** da locução estaria no singular. Gostaria de saber se o que falei faz sentido. Obrigado.*

Alexandre D. (17 anos) – Brasília (DF)

Meu caro Alexandre, falando com a franqueza que me caracteriza, respondo-lhe que **não**, não faz sentido o que você diz – embora o seu empenho (e o seu engenho) em defender o seu ponto de vista mereça toda a minha simpatia. Você está esquecendo, no entanto, a relação que os verbos presentes numa **locução verbal** mantêm entre si: o da direita é sempre o **principal**, o da esquerda é sempre o **auxiliar**. Tudo o que vai acontecer com a locução (inclusive a concordância) dependerá dos traços determinantes do verbo **principal**, o que explica, aliás, essa denominação.

Observe: "**podem existir** boas músicas", "**devem existir** boas músicas", "**hão** de **existir** boas músicas" – os auxiliares **podem**, **devem** e **hão** estão flexionados no plural, seguindo o modelo imposto pelo principal **existir**, que é um verbo pessoal, normal, que concorda com o sujeito **boas músicas**. Já em "**pode haver** boas músicas", "**deve haver** boas músicas", "**há** de **haver** boas músicas", o verbo principal é **haver**, que transmite sua impessoalidade característica para os seus auxiliares (todos ficam invariáveis). Nessas estruturas, **boas músicas** é apenas objeto direto.

Embora nessas frases os verbos **haver** e **existir** sejam sinônimos, seu comportamento sintático sempre será diferente: o primeiro é **impessoal**, o segundo é um verbo **normal**. Recomendo-lhe ler o que escrevi em **concordância com verbos impessoais**; assim você terá bastante base em suas futuras discussões. Um abraço; espero que você mantenha esse vivo interesse pelo Português.

haviam ocorrido

Nem sempre o verbo **haver** é impessoal; às vezes ele deve ser conjugado como um verbo comum.

*Prezado Professor, li num artigo seu que o senhor considera correta a frase "**haviam ocorrido** vários acidentes naquele local". Pois não me conformo; a orientação que me deram na matéria é a seguinte: o verbo **haver** no sentido de **acontecer**, **ocorrer** transmite sua impessoalidade para os demais em uma* *locução verbal (mesmo sendo auxiliar); portanto, o verbo permanece no singular. Por favor, se discordar indique a fonte.*

Cláudia G. – Goiânia (GO)

Prezada Cláudia, pelo que depreendo da sua pergunta ("a orientação que me deram ..."), alguém andou atrapalhando o seu estudo aí em Goiânia! Cuidado para não confundir, nas locuções verbais, o verbo **auxiliar** com o verbo **principal**. Este é sempre o último da direita e **manda** na locução; aquele fica à esquerda e **obedece**. É claro que o verbo **haver**, no sentido de "acontecer", é impessoal e impessoaliza também os seus auxiliares. Observe: "**houve** muitos acidentes", "**pode** haver acidentes", "**deve** ter havido acidentes" – assim como **houve**, **pode** e **deve** também ficaram impessoalizados.

No entanto, estamos falando aqui do verbo **ocorrer**; **haver** é um mero auxiliar e deve flexionar como o seu principal faria: "**Ocorreram** muitos acidentes", "**haviam** ocorrido muitos acidentes". Minha fonte? Todas – repito – todas as gramáticas dignas deste nome, em nosso idioma. Se alguém ensinou aquela barbaridade, não pode ter sido um professor com curso de Letras; se ele cobrava pelas lições, acho que você pode pedir o dinheiro de volta.

concordância com a voz passiva sintética

O caso mais complicado de concordância – a voz passiva sintética – é um doente terminal, ligado em aparelhos.

Prezado Professor, estranho muito que ainda seja considerado erro deixar no singular o verbo de vende-se casas. A língua não deveria evoluir? Isso já não está ultrapassado?

Diva L. – Assis (SP)

Minha prezada Diva, você – como todo falante brasileiro – não sente **casas** como o sujeito dessa construção, nem vê aí uma equivalência com **casas são vendidas**. Em qualquer cidade do Brasil, em qualquer estrada, nas páginas dos classificados, nos anúncios da lista telefônica – para onde quer que você olhe, vai enxergar exemplos do famigerado "erro" da passiva sintética. Sem dar a mínima para o que dizem os gramáticos mais tradicionais, as pessoas povoam a paisagem brasileira de grandes cartazes e belos letreiros com *aluga-se casas, *conserta-se fogões, *faz-se carretos, *aceita-se encomendas, traçados em todas as cores e tamanhos. Por alguma misteriosa razão, os vendedores de terrenos recusam-se a fazer o verbo **vender** concordar com os terrenos que eles vendem. Em vez de **vendem-se**, teimam em escrever **vende-se terrenos**, assim mesmo, com o verbo no singular. Alguns começam a se perguntar se a voz passiva sintética está ameaçada; eu vejo, simplesmente, que a questão já foi decidida há muito tempo: a sintética deixou de ser uma estrutura viva de nossa língua. Ficou apenas a lenda, contada ainda respeitosamente junto ao fogo dos acampamentos gramaticais mais conservadores. E por que morreu? Porque o que ela teria a oferecer não interessa mais aos falantes, que veem a voz passiva analítica – a verdadeira – atingir as mesmas finalidades, com muito mais vantagem.

Vamos ser sinceros: quando eu escrevo **vende-se este terreno**, pretendo significar que **este terreno é vendido** (ou **está sendo vendido**)? Claro que não. É o interesse de não ser identificado (ou, às vezes, um simples pudor) que me leva a não escrever **vendo este terreno** (o que seria claro, direto e honesto). Ao optar pelo **vende-se**, quero anunciar algo assim como **alguém vende este terreno**. Em outras palavras, estou tentando usar, com um verbo transitivo direto, aquela mesma construção que empregamos com os verbos transitivos indiretos quando queremos indeterminar o sujeito (**precisa-se de operários, necessita-se de costureiras**). Como Celso Pedro Luft nos explicou, usamos o **SE** sempre que não nos interessa especificar o **agente**. Em **aluga-se uma casa** e **vende-se este terreno**, não interessa saber quem vende ou aluga; interessa a **ação** e seu **objeto**. Por isso mesmo, quando o próprio objeto está diante dos olhos do leitor, basta pregar-lhe uma tabuleta com o verbo, e pronto: **aluga-se**, **vende-se**. Essa é a realidade; nossa insistência em manter o verbo no singular, a despeito do plural que vem depois, comprova que ninguém sente **casas** ou **terrenos** como sujeito dessas frases.

Há muito os linguistas brasileiros já sabem que a sintética é pura ficção, mas este é um daqueles tantos itens em que fica evidenciado o imenso (e estranhíssimo!) fosso que separa, de um lado, o que hoje conhecemos sobre a nossa língua e, do outro, o que a disciplina gramatical (sustentada pela maior parte dos livros didáticos) ainda difunde através do ensino. Neste caso, em particular, há um apego ainda mais inexplicável a uma dessas falsas verdades, já que muitos gramáticos "velhos", dos bons – entre outros, o grande Said Ali (em 1908!), e Evanildo Bechara, seu principal discípulo, e João Ribeiro –, já expressaram sua convicção de que esta estrutura estava morta. Acontece que não são os verdadeiros especialistas quem detém o poder da opinião gramatical no Brasil; este vem sendo exercido, desde o Império, por indivíduos de pouca cultura linguística e magros dotes intelectuais, que ocupam as posições de destaque na imprensa e nas editoras, impondo ao sistema escolar uma língua aprisionada numa estreita moldura teórica – o que é, paradoxalmente, a verdadeira razão de seu sucesso, pois isso dá ao usuário aquela sensação de segurança que o espírito redutor sempre oferece. Basta comparar a atitude aberta, indagativa, de velhos sábios como Said Ali ou Mário Barreto, com a posição autoritária e estreita da grande maioria dos autores que escrevem hoje, século XXI, sobre Língua Portuguesa. O próprio Said Ali já definia, curto e seco, o problema desses bacharéis gramatiqueiros, com sua mirrada análise linguística: eles **"pecam por excesso de raciocínio dentro de limitado círculo de ideias"**. Criaram um estreito arcabouço lógico para a língua (que, como sabemos, **não** é lógica) e nele basearam toda uma "disciplina gramatical" que, como não poderia deixar de ser, não passa de uma entediante arquitetura fantasiosa, sem o imprescindível apoio da realidade.

A passiva sintética vive nesse mundo fictício, mas vive. É um mecanismo perverso: mesmo aqueles que já estão convencidos de que ela é uma estrutura artificial não ousam ignorá-la, pelo medo de ser avaliados desfavoravelmente por seus leitores, que provavelmente acreditam nessa versão "oficial" do Português. Eu, por exemplo (que não acredito na sintética), vou escrever **vende-se casas**? Jacaré escreveu? Nem eu! Esse é um dos maiores fatores dessa sobrevivência virtual da sintética: ninguém quer se arriscar a ser o primeiro – isso é mais que humano (além do fato de que, vamos ser sinceros, não se trata de algo tão importante assim que valha o incômodo...). E ela segue vivendo da ilusão dos concursos, dos vestibulares, das petições, dos textos formais e conservadores. O que apresento a seguir é uma suma da concepção tradicional sobre a voz passiva sintética; embora eu dela discorde, friso que ela deve ser conhecida por quem quer que precise demonstrar domínio da Norma Culta Escrita tradicional.

A visão tradicional

Ao lidar com a voz passiva sintética (também chamada de **pronominal**, por causa do **se**, pronome apassivador), nosso maior problema é **reconhecer o sujeito** da frase. Em estruturas do tipo **aceitam-se cheques** ou **compram-se garrafas**, o elemento que vem posposto ao verbo é considerado o sujeito (paciente da ação). Ora, a passiva sintética não é sentida como voz passiva pela maioria dos falantes, que, vendo em **cheques** e **garrafas** um simples objeto direto, deixam de concordar o verbo com eles. Nasce aqui o que um antigo gramático chamava de "o erro da tabuleta": ***aceita-se cheques**, ***compra-se garrafas**.

Como já disse acima, não vou discutir, aqui, a real existência da passiva sintética; contento-me em explicar como é que a doutrina gramatical escolar a descreve. Não esqueça que ela é ainda encarada como um dos traços que caracterizam o uso culto formal, e você pode ter certeza de que estará presente nas questões de vestibulares e concursos. É necessário, portanto, que você saiba identificá-la e que faça a competente concordância.

Para quem tem uma formação mínima em sintaxe, não é tão difícil reconhecê-la: verbos **transitivos diretos** seguidos de se (não reflexivo) constituem casos inequívocos dessa estrutura. Se ainda assim persistirem dúvidas, lembre que a frase na passiva sintética tem forma equivalente na passiva analítica:

Aceitam-se cheques – Cheques **são aceitos**

Compram-se garrafas – Garrafas **são compradas**

Se o verbo for **transitivo indireto**, é evidente que a passiva – tanto a sintética quanto a analítica – não pode ocorrer. A construção com verbo **transitivo indireto + se** é uma das formas do sujeito indeterminado no Português, ficando o verbo sempre na 3ª pessoa do singular:

Precisa-se de serventes.

Falava-se dos últimos acontecimentos.

Aqui, **serventes** e **últimos acontecimentos** têm a função de objetos indiretos. Em frases como essas, muitas vezes ocorre o erro no sentido inverso: assim como o caipira da anedota, várias vezes admoestado a não dizer *fia e *paia em vez de **filha** e **palha**, termina saindo-se com um "**as arelhas da pralha**", falantes que se preocupam demais com este erro de concordância com a passiva terminam por flexionar também essas estruturas com verbo transitivo indireto:

INACEITÁVEL *****Precisam-se** de serventes.

INACEITÁVEL *****Falavam-se** dos últimos acontecimentos.

A maneira mais indicada para assegurar a concordância correta é, aqui, distinguir a **regência do verbo**. Se for transitivo indireto, certamente não se tratará de caso de voz passiva. Com isso, contudo, fica impossível lidarmos com essa estrutura se não formos capazes de fazer todas as distinções sintáticas necessárias; nada mais natural, portanto, que o uso da sintética tenha ficado reduzido à escrita de usuários cultos e extremamente cautelosos.

Aumenta a preocupação: as locuções verbais

Quando o verbo principal de uma locução verbal é transitivo direto, ocorrerá normalmente a voz passiva, flexionando-se (como é característico das locuções) o **verbo auxiliar**:

(ativa) O rei **tinha autorizado** as núpcias do poeta.

(analítica) As núpcias do poeta **tinham sido autorizadas** pelo rei.

(ativa) A miopia **pode estar prejudicando** este garoto.

(analítica) Este garoto **pode estar sendo prejudicado** pela miopia.

(analítica) Estas terras **tinham sido compradas**.

(sintética) **Tinham-se comprado** estas terras.

(analítica) As condições do tratado **devem ser respeitadas**.

(sintética) **Devem-se respeitar** as condições do tratado.

Nessas construções de passiva sintética com auxiliar, mais facilmente ainda podemos deixar de fazer a concordância com o sujeito posposto:
INACEITÁVEL **Tinha-se* comprado estas terras.
INACEITÁVEL **Deve-se* respeitar as condições do tratado.

Aqui, no entanto, há um senão: há vários auxiliares que impedem a transformação passiva (analítica ou sintética). Os gramáticos velhos os denominavam de **auxiliares volitivos**: os que indicam vontade ou intenção – **querer, desejar, odiar**, etc. – e os que indicam tentativa ou esforço – **buscar, pretender, ousar**, etc. A frase "O homem **tenta desvendar** os mistérios da Natureza" não admite a passiva "*Os mistérios da Natureza **tentam ser desvendados** pelo homem", da mesma forma que "Eu **quero convidar** Fulana" não corresponde a "Fulana **quer ser convidada** por mim".

Numa frase como "**Pretende-se importar** os componentes", o auxiliar deixa claro que não se trata de passiva sintética (**componentes** não pode ser o sujeito de **pretender**). O que temos aqui, na verdade, é um **sujeito oracional** (o sujeito das frases abaixo é a **oração subjetiva** em destaque), e o verbo fica na 3ª do singular:

Pretende-se **importar os componentes**.

Busca-se **eliminar as diferenças**.

Concordância do verbo **ser**

> Afinal, qual é o correto: "Meu problema **é** os olhos" ou "Meu problema **são** os olhos"? "Tudo **é** vaidades" ou "Tudo **são** vaidades"?
>
> *Prezado Professor, sempre me confundo com o verbo **ser**: "As lembranças **é** tudo o que fica na memória" ou "As lembranças **são** tudo o que fica na memória"? Quando eu uso **é** ou **são**? Tenho de concordar com o que vem **antes** ou com o que vem **depois** do verbo? Para mim, é a maior confusão; já tentaram me explicar, mas nunca entendi.*
>
> Rubem Paes

Meu caro Rubem, se lhe serve de consolo, fique sabendo que determinar o **sujeito** do verbo **ser** não é fácil para ninguém. Numa frase como "O pinheiro é muito alto", não há dúvida alguma quanto às funções sintáticas: **o pinheiro** é o **sujeito** e **muito alto** é o **predicativo**. No entanto, numa frase como "**A responsável é ela**", já não temos certeza de qual dos dois termos em destaque funciona como **sujeito** (e, portanto, comanda a **concordância** do verbo).

Se nos apegarmos à ideia de que o **sujeito** é o que fica **à esquerda** do verbo, diremos que o sujeito é **a responsável** – o que se revela um palpite infeliz assim que fazemos uma simples alteração na frase: "*A responsável **é** tu". Essa frase é inaceitável. No Português culto, o verbo **ser** deve concordar com **tu**; a forma correta será "A responsável **és tu**".

Alguns autores afirmam que, aqui, "o verbo está

concordando com o predicativo"! – o que faria do verbo **ser** uma verdadeira atração de circo: "Vejam! Vejam! O único verbo que consegue concordar com outra coisa que não o sujeito da frase!". Pelo tom que adotei, você percebe que não julgo ser essa uma boa interpretação do fenômeno. Acho que é muito mais adequado dizer que o sujeito do verbo **ser** ora pode vir **antes**, ora **depois** do verbo; em cada frase específica, você deverá, então, **para fazer a concordância**, decidir qual é o **sujeito**, qual é o **predicativo**. Para tanto, note que as pessoas que escrevem bem em nossa língua seguem, **geralmente**, uma ordem de precedência que vai depender dos elementos que estiverem de um lado e do outro do verbo **ser** – mais ou menos similar àquele código de boa conduta que todo jovem devia seguir, nos anos 70, ao embarcar num ônibus ou qualquer transporte coletivo. Vamos recordar a cena: todos os assentos do ônibus estão tomados, exceto um. Sobem dois passageiros, uma velhinha coroca e um jovem atleta. A quem pertence o assento vago, no código da etiqueta e da educação? É claro que à velhinha. E se os dois novos passageiros forem uma jovem de perna quebrada e uma velhinha de cabelo grisalho? Eu diria que à jovem de perna quebrada, que tem mais dificuldade de se manter de pé (no meu tempo de faculdade, quatro ou cinco dos passageiros que estavam sentados levantariam e começariam a brigar pelo privilégio de ceder o seu lugar à vovozinha; hoje...). E se for uma jovem de perna quebrada e uma jovem grávida de oito meses? E se for uma velhinha de perna quebrada e uma velhinha grávida? E assim por diante, dois a dois, os passageiros iriam subindo neste nosso ônibus virtual, e nós iríamos decidindo de acordo com os códigos não-escritos da grande tribo em que vivemos. Assim é com o nosso verbo **ser**: para decidir quem vai ocupar o lugar do sujeito, temos de comparar os dois candidatos ao cobiçado assento:

(1) **substantivo humano + ser + substantivo não humano** – o sujeito será o substantivo com traço **humano**, qualquer que seja sua posição na frase: "O pior **são os vizinhos**"; "O inferno **são os outros**"; "**Minha filha é** meus cuidados".

(2) **substantivo** (qualquer) **+ ser + pronome pessoal reto** – o sujeito será o **pronome reto**, que, como você já viu, sempre exerce a função de **sujeito**: "A responsável **és tu**"; "O responsável **sou eu**"; "Os interessados **somos nós**".

(3) **substantivo no singular + ser + substantivo no plural** – a preferência é normalmente dada ao substantivo com o traço **plural**: "Meu problema **são os dentes**"; "**Os tijolos são** um material barato".

(4) **substantivo + ser + pronomes não-pessoais** (**quem, que, isto, aquilo, tudo, nada**) – neste caso, o mais aconselhável é considerar sujeito o **substantivo**: "Tudo **são mentiras**"; "Aquilo são **invenções**". Isso esclarece a forma correta da frase que você menciona: "**As lembranças são** tudo o que fica na memória".

Quando se trata de concordar com **quantias, distâncias, horas**, etc., o verbo **ser** deverá concordar com a **expressão numérica**: se ela for igual ou maior do que 2, use o **plural**: "**São** quase **duas horas**"; "É **uma** e meia"; "Daqui ao centro são **três quilômetros**"; "Aqui está a conta: são **dois mil reais**". Com **datas**, alguns autores querem que se mantenha essa concordância com o numeral: "**Eram dez** de setembro"; "**São dois** de julho". O uso moderno, no entanto, não aceita essa forma, preferindo "**Era** [o dia] dez de setembro"; "**É** [o dia] dois de julho". No caso de prestar um concurso público, cabe a você, com um pouco de discernimento, distinguir a qual das duas correntes se filia a banca examinadora. Em caso de dúvida, faça a concordância **são**, **eram**, etc., pois esta é uma posição que encontra muitos adeptos entre os gramáticos conservadores, os quais, por uma ironia do destino (ou não?) constituem a bibliografia básica da maioria das bancas.

a gente somos?

"A gente **somos** inútil" – canta, em tom de brincadeira, o grupo DeFalla (o mesmo que lançou o famigerado "Popozuda"). Mas por que está errado? **A gente** não é a mesma coisa que **nós**? Dois leitores fazem perguntas diferentes sobre o mesmo tema.

*1) Caro Professor Moreno, a expressão **a gente**, tão comumente usada hoje em dia, trata-se de um terrível mau uso da língua ou é apenas uma cacofonia, pois dói no ouvido? Grato.*

Rubens G. – Campinas (SP)

Meu caro Rubens, mas que maneira de colocar a questão! Do jeito que você escreveu, ou você mata, ou enforca! A Retórica alertava para esses falsos dilemas, que não deixam saída para o interlocutor: "Você ainda bate na sua avozinha, ou resolveu agora ter pena da pobre velhinha?". Note que, seja qual for a resposta, você estará admitindo uma atitude lamentável contra a terceira idade. "**A gente**" é um "**terrível mau uso**" ou "**apenas uma cacofonia**"? Deu para sentir a maldade?

Pois eu acho que o aparecimento dessa expressão é bom em parte, em parte é ruim, Rubens. A força com que **gente** entrou no Português quotidiano parece revelar que temos necessidade de uma forma assim – um indicador de impessoalidade, como o *on* do Francês, para substituir o **nós**, que é muito mais particularizado. Note que, do ponto de vista flexional, **gente** tem a vantagem de usar a 3ª pessoa do singular, a mais simples e menos marcada de todas: "a gente **decidiu**", "a gente precisa **entender**", etc. O problema surge, no entanto, na hora de escolher os **pronomes** (pessoais e possessivos) que irão fazer companhia ao vocábulo **gente**: apesar de ser gramaticalmente da 3ª pessoa, o seu emprego no lugar do **nós** levaria a frases como "*a gente trouxe **nossos** ingressos", "*a gente precisa entender **nosso** pai" – aí sim, Rubens, exemplos de mau uso (mas já não sei se tão "terrível" assim...). Vamos ver como o sistema vai resolver essa; entender uma língua é, antes de mais nada, observar as tendências naturais que ela decide seguir.

P.S.: Fique atento para um erro que começa a aparecer por aí: andam escrevendo "***agente** precisa tomar cuidado", "***agente** não sabia o que estava acontecendo". Que tal?

2) Caro Professor Moreno, ficaria muito grato se o senhor esclarecesse **quem** pode fazer uso da **silepse**. Vou ser mais explícito: de acordo com o que vi nas gramáticas sobre **silepse**, poderíamos dizer "**a gente vamos**", pois o verbo concordaria com o plural implícito no vocábulo "gente". Seria silepse de número?

David A. – Maceió (AL)

Meu caro David, **quem** pode usar a silepse? Quem quiser, ora. A língua é uma das poucas instâncias democráticas que temos. Se você quer saber **quando**, aí já é outro departamento. Mas, cuidado: as gramáticas não dizem que podemos usar "*a gente vamos": isso é erro bravio, do mato cerrado. O que acontece com "gente" é que, às vezes, passamos para o seu conteúdo intrinsecamente plural: "A **gente** estava atravessando um momento muito difícil. Depois de três dias, **decidimos** recorrer ao senhor". Note que não se trata de "***a gente decidimos**". Estamos em outra oração, com outro verbo; houve a transição natural de **a gente** para **nós**. Há uma banda jovem (a que toca "Popozuda"...) que **ridiculariza esse erro** – aliás, numa bela batida funque: "**A gente somos inútil!**".

O povo brasileiro somos

*Prezado Professor, eu gostaria de saber se a frase **O povo brasileiro somos patriotas** está correta. Grato.*

José Neto – Óbidos (PA)

Meu caro José, o processo de concordância verbal é extremamente simples em nosso idioma: **sujeito** no singular, **verbo** no singular; **sujeito** no plural, **verbo** no plural. Como na sua frase o sujeito é o **povo brasileiro** – 3ª pessoa do singular –, a concordância usual é "O povo brasileiro **é patriota**" – simples assim. No entanto, podemos, em ocasiões muito especiais (e ponha ênfase nesse "**muito**"!), quebrar essa correspondência entre a marca de número e pessoa que o sujeito ostenta e a marca de número e pessoa que o verbo dele deve copiar. Nesses casos, desprezamos o que a **forma gramatical** do sujeito determina e preferimos levar em consideração os traços de número e pessoa que estão **implícitos** no seu **significado**. É a velha concordância *ad sensum* ("pelo sentido"), descrita em nossas gramáticas tradicionais com o nome de **silepse** ou **concordância ideológica**. Desta forma, aproveitamos para realçar nosso pertencimento (não está ainda na maioria dos dicionários, mas já tem verbete no incomparável ***Houaiss***) ao povo brasileiro, usando a primeira pessoa do plural: "Os brasileiros **somos**".

O efeito é muito esquisito, mas a construção aparece em autores clássicos, o que nos assegura que pode ser usada sem grandes reclamações. Todavia, como certas substâncias perigosas, o limite entre a dose adequada e a dose mortal é muito tênue. Sei que você não pediu, mas dou-lhe um conselho de amigo: evite esse recurso! Se alguns (poucos) escritores bons souberam usá-lo com adequação, logo ele passou a ser de gosto extremamente duvidoso, pois os maus escritores (eram tantos!) do final do século XIX e do início do século XX gostavam de exibi-lo como sinal de domínio (!) do idioma – algo assim como andar de bicicleta de ponta-cabeça ou sem usar as mãos.

Bem diferente seria se, num texto, começássemos a falar do povo brasileiro e, em seguida, passássemos a usar a 1ª pessoa do plural, assumindo nossa identidade nacional e reforçando nossa inclusão: "**O povo brasileiro** é tratado com inaceitável desprezo pelo capital estrangeiro. Basta! Não **aceitamos** mais..." – isso traz vários bons efeitos retóricos. Agora, assim de supetão, "**o povo brasileiro somos**..." – isso é para aqueles discursadores baratos que falam de cima de um caixotinho de querosene Jacaré. Outra solução seria simplesmente reformular a frase para "**Nós**, o povo brasileiro, **somos**...". Neste caso, o sujeito do verbo é **nós**, enquanto **o povo brasileiro** passa a ser apenas um **aposto**. Também fica bem palatável.

Os Estados Unidos é?

> Uma leitora do Japão pergunta se os **Estados Unidos é** ou **são** uma potência mundial; não que ela tenha dúvida sobre o poder deste país, mas sim sobre a concordância do verbo **ser**.

> Caro Professor, gostaria de tirar uma dúvida que já causou um pequeno debate entre mim e umas colegas de trabalho. Sabemos que a palavra **Estados Unidos** é sempre usada no plural. No entanto, gostaria de saber, numa frase, como fica a **concordância do verbo**: "Os Estados Unidos **é** ou **são** uma potência mundial"? Eu tenho a impressão de que, na escola, uma professora muito bem conceituada na minha cidade me ensinou que nesse caso deveríamos usar **o verbo no plural** – e foi o que defendi na tal discussão.
>
> Sheila Mayumi Y. – Aichi-Ken (Japão)

Minha cara Sheila, pelo que vejo, você teve a sorte de ter uma boa professora. Quando o Português faz acompanhar um nome geográfico no plural pelo artigo definido também no plural (**os** Estados Unidos, **os** Emirados Árabes, **as** Antilhas, etc.), isso indica que esse nome terá o comportamento sintático de **qualquer substantivo plural**. Você pode observar isso em expressões como "**os poderosos** Estados Unidos"; "Ele não gostava dos Estados Unidos; respeitava-**os**, apenas, por seu..."; "Os Estados Unidos se **tornaram**...". Compara com **Campinas**, **Manguinhos**, **Lajes**, etc. – embora tenham a marca do plural, entram na sintaxe como vocábulo no singular ("Campinas **é**...", "**a orgulhosa** Campinas", etc.).

mais sobre Estados Unidos

> Caro Professor, vi sua resposta sobre concordância verbal quando o sujeito é **Estados Unidos** e

*gostaria de saber, nas frases "os EUA **é**/**são** o país mais rico do mundo" e "um país como os EUA não **pode**/ **podem** deixar de investir nas novas tecnologias", se os verbos são também conjugados no plural. Muito obrigado pela atenção. Abraço.*

Marcelo V. – Goiânia (GO)

Meu caro Marcelo, as duas frases são construções diferentes. Na frase "**Os EUA** são **o país mais rico do mundo**", temos a clássica estrutura [**sujeito**+verbo SER+**predicativo**]. Ela é similar a "**os olhos** são **seu maior problema**", "**os dois excelentes zagueiros** são **a garantia de nossa defesa**". Como é que posso afirmar que o sujeito da frase, **Estados Unidos**, é **plural**? É muito simples; basta ver que o sintagma está assim estruturado: [**os**+**EUA**]; ora, como o artigo ("os") é obrigado a concordar com o núcleo do sintagma ("**EUA**"), o fato de estar no plural é indício indiscutível de que o núcleo também está.

Já a segunda frase tem como sujeito [**um país como os EUA**], cujo núcleo é "**país**" ("**um**" é artigo indefinido; "**como os EUA**", exatamente por vir ligado por preposição ao núcleo, **país**, é um mero elemento periférico). O verbo sempre concorda, você bem sabe, com o **núcleo** do sujeito; portanto, teremos aqui "um **país** como os Estados Unidos não **pode**" – no singular. O mesmo acontece em "um **arquipélago** como **as Antilhas não pode**", "uma **potência petrolífera** como **os Emirados Árabes não pode**".

concordância com percentuais

Um leitor escreveu, num cartaz, "**Serão destinados** 20% da renda ...". Um boi-corneta anônimo riscou e trocou para "**Será destinada**". Quem estava com a razão?

*Prezado Professor, pediram-me que escrevesse um cartaz em que aparecia a seguinte frase: "20% da renda **serão destinados** às instituições de caridade...". Alguns colegas argumentaram que o verbo deveria estar no singular para concordar com **renda**. Como não chegamos a um consenso, resolvi mudar o cartaz para: "**Serão destinados** 20% da renda às instituições...". Um dia depois, alguém riscou a frase no cartaz, colocando o verbo no singular e anexando uma "regra" da gramática do Napoleão Mendes de Almeida explicando o assunto. Mesmo assim, entendo que o verbo no plural não esteja errado. O que o senhor acha?*

Paulo W. – Jaboatão dos Guararapes (PE)

Meu caro Paulo, você estava com a razão desde o início. Na concordância com **percentuais**, tudo o que for **igual ou maior que dois** deve ser considerado **plural**: "2,5% da quota **valem** muito", "30% da assembleia **votaram**...". É claro que aqui o elemento periférico do sintagma, que se liga ao núcleo por meio de uma preposição (**quota**, **assembleia**), exerce uma forte atração semântica, o que leva muitos falantes a fazerem a concordância com o periférico e não com o núcleo: "2,5%

da quota **vale** muito", "30% da assembleia **votou**". Todos os gramáticos **também** aceitam essa hipótese.

Você já deve ter observado o mesmo fenômeno com as expressões partitivas: "a **metade** dos alunos", "**grande parte** dos eleitores". A concordância normal é com o **núcleo**: "a **metade** dos alunos **faltou**", "grande **parte** dos eleitores se **absteve**"; contudo, é perfeitamente aceitável (e compreensível) "a metade dos **alunos faltaram**", "grande parte dos **eleitores** se **abstiveram**". Note o que estou dizendo: é também **aceitável**; eu não disse **preferível**. Eu, particularmente, só faço a concordância com o **núcleo**, por várias razões que não cabe aqui discutir. As duas hipóteses estão corretas; contudo, a primeira é a determinada pela estrutura de nossa língua – a que existe por "licença" de uso é a segunda. Se seus colegas preferem a segunda, tudo bem; você, no entanto, pode ficar com a que escolheu.

Quanto ao Napoleão (autor que eu cito algumas vezes, sempre com adjetivos como "folclórico", "peculiar", etc.), não concordo com as regras dele sobre este caso de concordância. Entre os especialistas, ele é visto como um autodidata muito experiente, agudo observador dos fatos da linguagem, valente defensor do bom Português, mas cheio de ideias próprias (e completamente fantasiosas, muitas vezes). Ele às vezes dá no prego, mas muitas vezes dá na tábua. Eu já encontrei ótimas observações, tanto em sua *Gramática Metódica* quanto em seu *Dicionário de Questões Vernáculas*, mas já tive várias confirmações de que o leitor leigo não consegue distinguir o que é e o que não é confiável.

Achei divertidíssima a mudança que você fez no cartaz: de "**20% da renda serão destinados**" passou para "**serão destinados 20% da renda**"! Na verdade, você apenas trocou **seis** por **meia dúzia**! A inversão da ordem "sujeito-verbo" para "verbo-sujeito" não tem efeito algum sobre a concordância – embora eu reconheça que, com a inversão introduzida, você deve ter acalmado alguns de seus opositores ao desviar a atenção que antes estava focada no sujeito.

fui eu quem começou

*Professor, gosto muito das crônicas da Martha Medeiros e acho que ela escreve muito bem. Esses dias, contudo, fiquei cismada com uma frase que ela usou: "**Não fui eu que comecei**". Não poderia ser **não foi eu quem começou**, ou ainda, **não foi eu que comecei**?*

Marília T. – Joinville (SC)

Minha cara Marília, vamos começar separando as orações que compõem essa frase: **não fui eu** e **que comecei**. Na primeira, o verbo **ser** vai concordar obrigatoriamente com o **sujeito**, expresso por um pronome pessoal: **fui eu**. Em hipótese alguma poderíamos ter aquele "*foi eu", como você escreveu.

Na segunda oração, o **que** é um pronome "vazio", isto é, ele vai assumir o valor do **antecedente** que ele representa (que é, obviamente, o sujeito da primeira oração):

fui	**eu**	que **fiz**
foste	**tu**	que **fizeste**
foi	**ele**	que **fez**
fomos	**nós**	que **fizemos**

Já o pronome **quem** é um pronome de 3ª pessoa, e assim vai ficar o verbo da segunda oração:

fui	eu	**quem fez**
foste	tu	**quem fez**
foi	ele	**quem fez**
fomos	nós	**quem fez**

Podemos optar pela forma que melhor nos aprouver; o que não podemos fazer é **misturar** uma com a outra ("*somos nós **quem fazemos**" ou "*somos nós **que faz**" são frases absurdas).

A frase da Martha, portanto, está correta; ela poderia também ter escrito "**Não fui eu quem começou**", mas preferiu (como a maioria de seus leitores o faria) a primeira.

a maioria dos homens

> Uma jovem leitora escreveu "a maioria dos homens **fica encabulada**"; a professora corrigiu para "**ficam encabulados**".
> Quem está com a razão? O Professor vem serenar os ânimos.

> *Professor, tenho 12 anos e estou na 7ª série. Fiquei indignada com a correção que minha professora de Português fez na minha redação, considerando **errada** a concordância na frase "A maioria dos homens **fica encabulada** de fazer os exames de próstata". Ora, tenho quase certeza de que minha forma está correta. Mas pode haver outra forma para a mesma frase, como, por exemplo, a forma corrigida? Segundo ela, o correto seria "A maioria dos homens **ficam encabulados** de fazer os exames de próstata".*
>
> Camilla Maciel S. – Jundiaí (SP)

Minha cara Camilla, eu também prefiro a concordância com o **núcleo** do sintagma ("a **maioria** dos homens **fica**"), mas todos os gramáticos prescritivos concordam em admitir **também** (ou seja: é uma "licença" que aqueles senhores "concedem" por causa do uso) a concordância com o **termo periférico:** "a maioria dos **homens ficam**"). Escrevi algo a respeito disso no artigo sobre **concordância com percentuais**. Só há um complicadorzinho no seu caso específico, que é o adjetivo **encabulado**. Se optarmos (como você e eu) pela concordância com o núcleo **maioria**, o adjetivo fica **encabulada**, como você escreveu – e vamos ter de convir que esse feminino não soa tão bem numa frase que fala de **homens**. Afinal, homens deveriam ficar encabulados!

Talvez por isso a sua professora tenha preferido a concordância opcional com "**homens**". De qualquer forma, a redação que você fez está correta; resta saber se ela discordou da concordância por considerá-la "**errada**" ou por estar apenas aconselhando você a optar por outra forma mais bem-soante – coisa que eu faço a toda hora nas redações de meus alunos. Fale com ela, que eu acho que tudo vai se esclarecer.

Curtas

notifiquem-se os interessados

> Adriana P., de Salvador (BA), quer saber qual é a forma correta: "**notifique**-se os interessados" ou "**notifiquem**-se os interessados".

Minha cara Adriana, **interessados** é o sujeito dessa frase; logo, **notifiquem-se os interessados**, ou **notifique-se o interessado**, se for um só. Recomendo que você dê uma olhada no que escrevi na **concordância com a voz passiva sintética**. Lá está tudo bem explicadinho.

concordância com **a maioria**

> Um leitor que foi batizado com o estranho nome de "Escritório Modelo" quer saber qual a forma correta: "a maioria dos eleitores **votaram** ou **votou** neste candidato"? Alega que sempre achou que o verbo deveria concordar com **maioria**, mas notou que os jornais fazem a concordância utilizando-se do plural **votaram**.

Meu caro Escritório Modelo (já que não veio com nome de gente...), eu prefiro concordar com o **núcleo** do sujeito: a **maioria** dos alunos **votou**, **grande parte** dos deputados se **absteve**. Contudo, como a atenção do falante é fortemente atraída pelo modificador do núcleo, é também comum – e aceita pelos gramáticos tradicionais – fazer a concordância com este elemento periférico: a maioria dos **alunos votaram**. Eu me sinto mais seguro com a primeira, que é sempre indisputável, mas muita gente prefere a segunda. Dê uma lida no que escrevi antes sobre **a maioria dos homens**, pois lá faço alguns comentários sobre este tópico.

é uma e meia

> Luís Henrique, um paulistano de 18 anos, tem dúvida quanto à concordância com o **número de horas**; sabe que é correto dizer "**é** uma hora" e "**são** duas horas", mas hesita quando se trata de "uma e meia".

Meu caro Luís Henrique, o plural, nas línguas ocidentais, começa quando tivermos **dois** ou **mais de dois**. Portanto, "É uma hora", "É uma e meia", "É uma hora e cinquenta e nove minutos – PLIM! **São** duas!"

concordância do verbo **ter**

> Roselly S., de Caxias do Sul (RS), tem dúvida quanto ao verbo **ter**. Diz ela: "Na frase 'a maioria das pessoas **tem**', ele permanece no singular. Certo? A minha dúvida é como ele fica na frase 'Obrigação que qualquer das partes **tem** ou **têm**'?".

Minha cara Roselly, são duas situações completamente diferentes, embora com o mesmo resultado. Em "a maioria das pessoas **tem**", o verbo está no singular porque concorda com o núcleo do sujeito, **maioria**. Em "obrigação que qualquer das partes **tem**", o verbo concorda com o pronome **qualquer** (singular de **quaisquer**).

Compare: "**Qualquer** um dos alunos **sabe**", "**Qualquer** um dos candidatos **afirma**", e assim por diante.

mais de um votou

O leitor que se assina "Pigmeu", de São Paulo (SP), diz que a namorada quer saber a forma correta: "Isso ocorre nos condutores quando mais do que um nível de tensão **for modelado/forem modelados** numa estação". "A dúvida nasceu por causa do **mais do que um**", diz Celso, que se declara decidido a manter o saldo positivo com sua garota...

Meu prezado Pigmeu, a concordância usual, na linguagem culta, com **mais de um** é com o verbo no **singular**: "quando mais de um nível de tensão **for modelado**". Na verdade, isso faz parte de uma regra mais ampla: o **numeral** depois de **mais de** é que vai decidir se é singular ou plural. "Mais de **um** deputado **votou**", "mais de **dois** deputados **votaram**".

fomos nós quem fez

Ruy R. W. pergunta se não está errado escrever "Fomos nós **quem fez**". O correto não seria "fomos nós **quem fizeram**"?

É claro que não, meu caro Ruy; o **quem** é um pronome que leva sempre o verbo para a 3ª pessoa do **singular**: "fomos nós **quem fez**", "foram eles **quem fez**". Essas combinações soam tão estranhas que preferimos, em geral, usar o **que** em vez do **quem**. Nesse caso, o verbo vai concordar com o antecedente do **que**: fui eu **que fiz**, fomos nós **que fizemos**, foram eles **que fizeram**.

é nestes momentos que...

> Lima, de Campina Grande (PB), precisa saber qual a forma correta: (1) "É nestes momentos que me **parece difícil** dizer palavras de consolo"; (2) "É nestes momentos que me **parecem difíceis** dizer palavras de consolo"; ou (3)"**São** nestes momentos que me **parecem difíceis** dizer palavras de consolo"?

Caro Lima, a sua primeira hipótese está correta; as outras duas, completamente erradas. A frase "É nestes momentos que me parece difícil dizer palavras de consolo", na verdade, assim se decompõe: [**dizer palavras de consolo**] [**é que me parece difícil**] nestes momentos.

erro de concordância

> Ana Célia G. reclama de um cartaz feito pelos alunos da escola em que sua filha estuda: "Não permita que as dificuldades da vida **o impeça** de florescer". Ela acha que o verbo deveria estar no plural (**não o impeçam**), mas a professora alegou que a concordância estava correta.

Prezada Ana, você é quem está com a razão. O sujeito do verbo **impedir**, nesta frase, é **as dificuldades da vida**, exigindo, necessariamente, a concordância com a 3ª pessoa do plural: "Não permita que as dificuldades da vida **o impeçam** de florescer". Só espero que a professora que disse que o singular estava correto não seja a de Português; se for, é bom ir pensando numa outra escola para a filha de vocês.

quantos dias **tem** a semana

Aline, de Caxias do Sul (RS), manda uma dúvida que ninguém soube responder na sua sala de aula, nem mesmo o professor: deve-se acentuar o verbo na frase 'Quantas horas **tem** uma semana'? Acrescenta: 'O senhor poderia me enviar coisas que comprovassem essa resposta para mostrar para meu professor'?".

Minha cara Aline: não tenho de enviar nada para comprovar a resposta, já que se trata de uma regra básica de concordância: o verbo sempre vai concordar com o seu sujeito, que, no caso, é obviamente **semana**: "Quantas horas **tem** uma semana", ou, se você quiser, "Quantas horas uma semana **tem**". Espero que o professor que você menciona não seja de Português...

doam a quem **doerem**

Teófilo S., de Barbalha (CE), quer saber se a frase "**Doa a quem doer esses fatos**" tem algum problema.

Caro Teófilo, o problema é de concordância. O sujeito é "esses fatos", e a frase correta seria "**Doam** a quem **doerem** esses fatos" (entenda-se: "doam esses fatos a quem esses fatos doerem"). Compare com o singular "**doa** a **quem** doer esse fato".

aluga-se uma casa

O leitor Edvaldo diz que aprendeu, quando ainda no ginásio, com um professor de Português muito bom, que o certo era **alugam-se uma casa**. No entanto, como vê constantemente placas com **aluga-se uma casa**, quer saber qual das duas formas é a correta.

Meu caro Edvaldo, acho que a sua memória está lhe pregando uma peça, porque seu professor jamais lhe ensinaria que ***alugam-se uma casa** está correto. Ou vamos usar **aluga-se uma casa** (voz passiva sintética; aqui, "uma casa" é o **sujeito**, e o verbo tem de ficar no singular), ou **alugam uma casa** (voz ativa, com **sujeito indeterminado** indicado pelo verbo na 3ª pessoa do plural).

que horas são?

Édson Dutra Caro quer saber se a forma correta é "que horas **são**?" ou "que horas **é**?". Pergunta ele: "O verbo acompanha o sujeito?".

Meu caro Édson, o verbo **sempre** vai concordar com o sujeito, que, no caso, é **horas**. Por isso, a forma correta é "que **horas são**" (se você usar o plural), ou "que **hora é**" (se você usar o singular). Note, no entanto, que a primeira é muito mais aconselhável, já que, na grande maioria das vezes, a resposta será "são duas", "são cinco", etc. Em outras palavras: há, por razões óbvias, muito mais situações em que a hora vai envolver o plural. O singular aparece obrigatoriamente com **meio-dia**, **meia-noite** e **uma hora**: "**é** meio-dia e vinte", "**é** meia-noite e quinze", "**é** uma e dezesseis", e assim por diante.

o prazo é de 10 dias

Tânia L., leitora de São Paulo (SP), chega a uma conclusão filosófica: "A certeza é quase sempre uma armadilha. Apostei, sem titubear, que o correto seria dizer: 'O prazo **é de** 10 dias', mas parece que também estaria correto 'O prazo **são de** 10 dias'. Será que eu perdi a aposta? Estava valendo uma garrafa de uísque..."

Prezada Tânia, o que salvou você foi a preposição "**de**": "o prazo **é de** 10 dias". Se usássemos uma construção em que o sujeito fosse **10 dias**, poderíamos defender que também estaria correto "o prazo **são** 10 dias". Agora, "*o prazo **são de** dez dias" é indefensável; sorte a sua.

Estados Unidos

Terry S., um leitor americano, escreve para comentar a concordância com **Estados Unidos**: "Em Inglês, **Estados Unidos** é sempre usado com o valor de um **singular**: 'The United States **is** a big country. The U.S. **is** a world power. The U.S.A. **has** a problem with illegal immigration'. O plural dos verbos (neste caso, "**are**" ou "**have**") não é usado porque **Estados Unidos** é considerado um nome próprio, não um substantivo/adjetivo. É o nome de um país. Os **estados russos**, os **estados confederativos**, os **estados europeus**, os **estados brasileiros**, os **estados romanos**, as **ilhas havaianas** – esses sim são substantivos/adjetivos, que não começam em letras maiúsculas".

Meu caro Terry, agradeço suas observações. São esclarecedoras quanto ao uso do **Inglês**, mas nada têm a ver com o **Português**. "The U.S.A. **is**", "people **are**", etc. – são características idiossincráticas do sistema flexional do Inglês, do mesmo modo como "Os Estados Unidos **são**" caracteriza o sistema do Português. Cada língua com seu uso, cada roca com seu fuso. Um abraço, Terry, e continue meu leitor atento.

faz trinta graus

> Valério N. F., do Rio de Janeiro (RJ), estranha que os apresentadores de telejornais, nas informações meteorológicas, digam: "Neste momento **faz** 30 graus na cidade tal". Sua dúvida: não seria **fazem**?

Prezado Valério, o verbo **fazer**, quando indicar condições climáticas ou fenômenos meteorológicos, é sempre **impessoal**, isto é, fica sempre na terceira pessoa do singular: "aqui **faz** verões quentíssimos", "**fez** dias belíssimos durante nossa viagem ao Caribe", "aqui **faz** 30 graus à sombra".

concordância do infinitivo

> O leitor Pedro Z. quer saber qual é a forma correta: "As bolsas são capazes de **ter**/**terem** eficiência nominal".

Meu caro Pedro, as bolsas **são** capazes **de ter**, nós **somos** capazes **de ter**, tu **és** capaz **de ter** – note como só o primeiro verbo varia. Se o segundo também flexionasse, teríamos horrores como "*nós somos capazes de termos", "*tu és capaz de teres".

leia-se Lula e Serra

> Maria Laís P., professora de São Paulo (SP), estranhou um jornal de São Bernardo que escreveu: "Os candidatos à Presidência da República – **leiam-se** Lula e Serra – estavam empenhados em conquistar apoios". Não deveria ser **leia-se** (onde se **lê** isso, **leia-se** aquilo)? Não se trata aí da concordância com um falso plural, já que não se quer dizer que Lula e Serra devem ser lidos?".

Prezada Maria Laís, sim, deveria ser **leia-se**. O que

enganou o redator foi outro erro presente na mesma notícia: "Lula e Serra" deveriam ter recebido um tratamento de **metalinguagem**; como não pertencem ao discurso normal do texto, deveriam vir sublinhados, em itálico ou entre aspas: os candidatos à Presidência da República – leia-se "**Lula e Serra**". Um erro levou ao outro.

eu **sou** você

Marcelo Ferreira Lima tem uma "dúvida eterna": qual a forma correta? "Eu **sou** você, você **sou** eu", ou "Eu **sou** você, você **é** eu"?

Meu caro Marcelo, vou dar um fim na sua dúvida eterna: "Eu **sou** você, você **é** eu". A frase é clássica, a solução também. Apesar do conhecido comportamento do verbo **ser** quanto à concordância, considera-se o pronome da esquerda como sujeito.

os brasileiros que sabemos?

Marino Novoa, um leitor hispano-falante que está aprendendo português, estranhou uma frase no artigo **item, itens**, no *Guia Prático do Português Correto*, v. 1, em que escrevi "... vem sendo transmitido a todos nós, **os brasileiros que sabem** escrever". Ele pergunta se o correto não seria "vem sendo transmitido a todos nós, os brasileiros que **sabemos** escrever".

Meu caro Marino, nesta construção, trocar **sabem** por **sabemos** é um recurso literário que soa cada vez mais artificial. "**Os brasileiros somos** um povo" – isso é gramaticalmente correto, mas só caberia em linguagem erudita e rebuscada. A forma canônica, correta, é "Nós, **os brasileiros que sabem**"; o sujeito de **saber** é **brasi-**

leiros, e não **nós**. Basta trocar o pronome pelo singular para ficar claro o que estou dizendo: "Eu, o **brasileiro que sabe** falar trinta línguas" – e nunca "*Eu, o brasileiro **que sei** falar trinta línguas".

és **o** que governa

Ana Cláudia, de São Paulo (SP), gostaria de saber se a forma correta seria "És o que **governa**" ou "És o que **governas**" – e pergunta, de inhapa, qual seria a função sintática do "**O**".

Minha cara Ana Cláudia, a forma correta seria "És o **que governa**". Análise da oração principal: **tu** (sujeito elíptico) + **és** (verbo de ligação) + **O** (predicativo; "**O**" aqui é um pronome demonstrativo, equivalente a "aquele"). A oração subordinada adjetiva, "**que governa**", tem o pronome relativo **que** como **sujeito**; seu antecedente é o "**O**", e por isso o verbo vai ficar na 3ª pessoa. Se tirássemos o pronome "**O**" daquela frase, teríamos uma construção bem diferente: "És tu **que governas**"; neste caso, o antecedente do **que** é o **tu**, e o verbo vai naturalmente para a 2ª pessoa.

hão de ser corrigidos

Júlio César R., de Florianópolis (SC), pergunta se deve escrever **hão de ser corrigidos os erros**, **hão de serem corrigidos os erros** ou **há de ser corrigidos os erros**.

Caro Júlio, a única aceitável é **hão de ser corrigidos**. Compare com **havemos de ser entendidos**, **hás de ser recompensado**; note que o verbo **ser** fica invariável, em qualquer hipótese. Como você sabe, nas locuções verbais só o auxiliar **mais à esquerda** sofre flexão (**tenho** de ir, **tens** de ir, **temos** de ir, **têm** de ir); os demais ficam invariáveis. Quanto à terceira versão, ela está errada porque o verbo **haver** aqui é um simples auxiliar e deve concordar normalmente com o sujeito **erros**.

6. Tratamento
lhe, te e **você**

Uma leitora suíça estranha o uso do **lhe** no vídeo da Xuxa.

*Na fita de vídeo da Xuxa que comprei para minha filha, em algumas músicas usam o **lhe** dirigindo-se a alguém que não é mais velho ou que exija tratamento formal; por exemplo, "Eu **lhe** darei uma chance". No decorrer desta música, no entanto, a pessoa a quem foi dada a chance é chamada por **você**. Está correto?*

Thaís M. – Zurique (Suíça)

Minha cara Thaís, percebo que você está fazendo uma pequena confusão entre o **lhe** do **uso culto escrito** e o **lhe** do **uso falado**. No primeiro, que é naturalmente mais conservador, o **lhe** é o pronome de 3ª pessoa usado para representar os **objetos indiretos**; a hierarquia de nosso interlocutor não é levada em consideração. Se eu devo um favor **ao rei**, ou **ao jardineiro**, ou **a você**, a frase que eu vou dizer será a mesma: "Eu **lhe** devo um favor". Neste sistema, portanto, a escolha entre **o** ou **lhe** é feita por critérios exclusivamente **sintáticos** (se o objeto é **direto** ou **indireto**).

No uso falado, contudo, desapareceu essa vinculação sintática do **lhe** ao objeto indireto, e foi-lhe atribuída a função social de expressar um tratamento mais delicado, mais respeitoso. Por isso mesmo, nas regiões do Brasil onde se usa o **você** (em vez do **tu**) para o tratamento entre pessoas de igual hierarquia, a forma escolhida para representar o objeto indireto é o **te**, que é um pronome da 2ª pessoa. No Rio de Janeiro, por exemplo, vamos ouvir "**Você** foi muito gentil; eu **te** devo um favor"; "Eu **te** disse que ia dar errado, mas **você** não acreditou". Apesar de usual, essa mistura de pessoas gramaticais ainda é considerada como erro pela maioria dos gramáticos. Acho que a produção do disco da Xuxa, por ele ser destinado a crianças, tomou o cuidado de empregar apenas a norma culta – no que, vamos convir, fez muito bem.

tu x você

Duas leitoras compartilham a mesma dúvida: qual a diferença na conjugação verbal entre **tu** e **você**?

*Caro Professor, trabalho com textos traduzidos para a nossa língua. A respeito de verbos na forma imperativa, tenho visto muitos deles usados de forma diferente da que eu aprendi na escola. Por exemplo: olhar, "**olhe**"; escrever, "**escreva**"; ligar, "**ligue**". Pois bem... frequentemente no rádio e na televisão, ouço "**liga** agora pra nossa central...", "**escreve** aqui para a rádio". Há um comercial de celular no qual o verbo é usado como "**liga**", e até vi na capa de uma revista "**olha** a postura!". Espero que o senhor resolva de vez essa minha dúvida, que pode ser a de muitos e que me deixa espantada.*

Audrey C. – São Paulo (SP)

> *Prezado Prof. Moreno, aprendi, ainda quando pequena, esta oração ao Anjo da Guarda, que penso estar errada na conjugação dos verbos no imperativo. A oração é escrita assim:*
>
>> *Santo Anjo do Senhor,*
>> *Meu zeloso guardador,*
>> *Se a ti me confiou a piedade divina,*
>> *Sempre me rege, guarde, governe, ilumine.*
>> *Como seria a forma correta? Desde já agradeço.*
>
> Ângela S. – Caxias do Sul (RS)

Prezadas leitoras, o que está incomodando vocês é o cruzamento das regras de conjugação do **imperativo** com a forma de **tratamento** que está sendo empregada (**tu** ou **você**) – uma das misturas mais indigestas para quem hoje ainda tenta escrever corretamente o nosso idioma. Essas duas áreas já são problemáticas de per si; quando se juntam, é natural que o cenário fique ainda mais confuso. Vou esclarecer por partes.

O tratamento – quando nos dirigimos a alguém, o Português moderno permite que escolhamos livremente entre tratá-lo por **tu** ou por **você**; embora haja certas preferências regionais, qualquer brasileiro, em qualquer parte do país, é livre para usar a forma de tratamento que lhe aprouver. No jargão das gramáticas tradicionais, portanto, **tu** e **você** são duas formas igualmente corretas para tratar a segunda **pessoa do discurso** (definida como **aquela a quem se fala**). É importante frisar que, apesar de ambos se referirem à **2ª** pessoa (do discurso), **tu** pertence à **2ª** e **você** pertence à **3ª** pessoa

gramatical, exigindo as formas verbais e os pronomes respectivos. Comparem "Se **você** não **trouxe seu** livro, **vai se** arrepender" com "Se **tu** não **trouxeste teu** livro, **vais te** arrepender" – ambas corretas.

Numa espécie de darwinismo linguístico, as duas formas passaram a disputar a preferência dos falantes. Ambas estão ainda em uso, mas a **direção de tendência** – ou seja, o rumo inexorável para onde os dados linguísticos apontam – parece ser a supremacia absoluta do **você** e a retirada de cena do **tu**, assim como já aconteceu com o **vós** (lembro apenas que essa disputa vai durar alguns séculos, ao longo dos quais as hesitações vão naturalmente continuar ocorrendo). Nosso quadro verbal, então, vai reduzir-se a **quatro** pessoas (**eu**; **ele** ou **você**; **nós**; **eles** ou **vocês**).

O **imperativo** – para fazer um convite, uma exortação, ou dar uma ordem – aquilo que a mitologia gramatical denominou de **imperativo** –, deveríamos usar formas verbais muito diferentes para o **tu** e para o **você**. Eu disse "deveríamos", porque na prática quase nunca isso acontece. A forma que corresponde ao **você** é idêntica ao **presente do subjuntivo**, enquanto a que corresponde ao **tu** é uma forma própria, exclusiva, obtida a partir do **presente do indicativo**, com a perda do "**S**" característico:

colaborE você	**colaborA** tu
devolvA você	**devolvE** tu
insistA você	**insistE** tu
fiquE você	**ficA** tu

Pois as formas com que você cismou, minha cara Audrey, são as que correspondem ao **tu**: "**liga** agora para nossa central", "**escreve** aqui para a rádio", "**olha** a postura!". A julgar por suas palavras, presumo que você preferiria "**ligue**", "**escreva**" e "**olhe**", correspondentes ao **você**. As outras não estão erradas; o que fez você acender a luz de alerta, ao ver aqueles comerciais, foi simplesmente o fato de empregarem o "**tu**", com suas formas verbais que já soam estranhas para grande parte dos brasileiros. Quanto a você, minha prezada Ângela, está certa em desconfiar do texto da oração, porque ele realmente está errado. Se a prece se dirige ao Anjo tratando-o por **tu** (como sugere a frase "se a **TI** me confiou..."), as formas do imperativo devem ser da segunda pessoa: "...me **rege**, **guarda**, **governa** e **ilumina**". Acho que o "**E**" de **regE** terminou influenciando na conjugação errônea dos três outros verbos.

se liga

Um gaúcho indignado reclama contra o jeito da TV brasileira falar.

Prezado Professor, minha implicância maior é com o colonialismo imposto pela TV do centro do país. Veja o uso do se: "Se liga", "se cuida", "se levanta", etc. O certo não seria "te liga", "te cuida", "te levanta"? Nesse caso, o se não representa a 3ª pessoa?

Elly W. – Passo Fundo (RS)

Meu caro Elly, não há nada contra o emprego do **se**, pronome correspondente a **você**; é claro que é 3ª pessoa, mas, como bem sabemos, o Brasil se divide em dois territórios: o maior, que usa **você**, e o menor (Rio Grande do Sul e algumas cidades esparsas no resto do país), que usa **tu**. Feliz ou infelizmente, o avanço linguístico do **você** é inexorável, porque ele é o pronome preferido nos estados que produzem a nossa programação de TV e que, *ipso facto*, dominam os corações e as mentes de nossas crianças. Não sei que idade você tem, mas digo a meu filho (26 anos), gaúcho de quatro costados, que os netinhos dele vão andar de bombachinha, tomando chimarrão e falando **você.** É brincadeira, é claro, mas expressa mais ou menos o espírito da coisa. Este *Guia Prático*, por exemplo, tinha sido escrito tratando os leitores por **tu**; no entanto, por ponderação do editor, troquei tudo para **você**, dado o alcance nacional das edições da L&PM.

Agora, numa coisa você está coberto de razão: "*se liga", "*se cuida" e "*se levanta" são realmente execráveis, mas por outro motivo: o verbo está mal conjugado, no imperativo. A forma correta seria "se **ligue**", "se **cuide**", "se **levante**". Se preferem o **você** ao **tu**, estão no direito deles, mas vão ter de levar o verbo para a 3ª pessoa – e não tem coré-coré.

quem é **doutor**, afinal?

Já foi dito que os brasileiros se dividem entre os que são doutores e os que gostariam de sê-lo.

Caro Professor, por que os formados em Medicina, Direito, Odontologia e até mesmo Engenharia (entre outros) são chamados de **doutor**, *enquanto os formados em Letras, Computação, etc. não são? Existe uma regra para tal discriminação? Eu pensava que* **doutores** *eram apenas os pós-graduados com doutorado, que defenderam uma tese e receberam tal título.*

Ailton B. G. – Osasco (SP)

Meu prezado Ailton, o vocábulo **doutor** vem do Latim **docere** ("ensinar"). No seu emprego primitivo, na Bíblia, designava aqueles que ensinavam a lei hebraica (os "doutores da lei"); em **Lucas** 1,46 (na trad. de João Ferreira de Almeida), os pais do Menino Jesus procuraram-no em Jerusalém e "o acharam no templo, assentado no meio dos **doutores**, ouvindo-os e interrogando-os".

O uso de **doutor** como título acadêmico, no entanto, começou nas universidades medievais (Bolonha, Salamanca, Oxford, Cambridge, Sorbonne, Coimbra, Upsala) para designar os que tinham conquistado a autorização para lecionar. Esse direito se limitava, primeiro, à sua própria universidade, mas foi estendido, mais tarde, a qualquer outra (com as indefectíveis rivalidades e picuinhas que duram até hoje).

Primeiro houve os doutores em **Direito** (*doctores legum*), depois em **Direito Canônico** (*doctores decretorum*) e, já no século XIII, em **Medicina**, **Gramática**, **Lógica** e **Filosofia**; no século XV, Oxford e Cambridge começaram a conferir também o doutorado em **Música**. Os antigos doutorados em Direito e Medicina certamente explicam o uso popular, tanto no Brasil como em Portugal, do tratamento de **doutor** para os médicos e advogados. Outro resquício medieval é o título de Doutor *Honoris*

Causa ("por motivo honorífico"), concedido a qualquer personalidade que uma determinada universidade queira homenagear, tenha ou não formação acadêmica.

Independentemente do sentido acadêmico (que implica a defesa de uma tese de doutoramento), uma indiscutível aura de respeito e deferência cerca o vocábulo **doutor**, como podemos ver nos reflexos que deixa no vocábulo **douto**, que indica o erudito, o sábio, o profundo especialista em determinada área. Por outro lado, o pedantismo e a atitude aristocrática de alguns doutores explica também por que chamamos de "tom **doutoral**" aquele tom sentencioso, muitas vezes pedante, de quem pensa que está dando lições de sabedoria.

Como vimos até aqui, caro Ailton, para ser **doutor**, o pobre mortal tem de quebrar muita pedra! Só os que sobreviveram sabem o que isso significa. No mundo acadêmico, só pode ser chamado de **doutor** quem cumpriu as etapas constantes no curso de doutorado, incluindo a defesa de uma tese original diante de uma banca composta por cinco outros doutores (até bem pouco tempo, no sistema brasileiro, isso só podia ser feito depois de se ter concluído o curso de Mestrado). Quando se ouve, na universidade, alguém anunciado como "**Professor Doutor**", é porque ele é **doutor** mesmo.

Saindo um pouco do mundo universitário, tornou-se costume, aqui no Brasil, chamar de **doutor** também ao **médico** e ao **advogado**, havendo, inclusive, esquisitos dispositivos legais que regulavam (e talvez ainda tentem regular) o uso do título. A prática é tão usual que poderíamos dizer que o sentido mais geral da palavra

doutor, no Brasil, é o de **médico**: "Ele foi ao **doutor**" vai ser interpretado por quase todos os falantes como equivalente a "ele foi ao **médico**". Neste caso, no entanto, devemos reconhecer que esse emprego mais tolerante do vocábulo vem facilitar a comunicação direta com esses profissionais: quando me dirijo a um médico ou a um advogado, não preciso dizer "O que o senhor pensa disso, **médico** Fulano?" ou "Gostaríamos que participasse das negociações, **advogado** Beltrano", pois o **doutor**, usado mais como forma de tratamento do que como título, serve de tratamento genérico.

Agora, no imenso mundo não-acadêmico, neste pobre Brasil semianalfabeto, **doutor** já é outra coisa, pois serve para designar qualquer cidadão que teve a sorte de concluir um curso superior: "Ele agora se formou; tenho um filho **doutor**, de anel no dedo!". É aqui que os engenheiros, arquitetos, economistas, etc. ganham também a sua fatia. E lá se vai o conceito, alargando-se na sua elasticidade infinita, passando finalmente a abranger qualquer pessoa cuja aparência sugira que pertence às classes dominantes. É o **doutor** usado pelo guardador de carro, pelo porteiro de prédio, pelo vendedor dos semáforos. Todo brasileiro, no fundo, sonha em ser doutor. Portugal, nosso avozinho, resolveu de outra forma esse anseio por um tratamento diferenciado: lá todos são chamados de **excelência**, para contentamento geral. Eu, pessoalmente, prezo mais o título de **professor** que o de **doutor** (a que fiz jus, pela tese que defendi) – exatamente pela indefinição deste último.

enfermeiro é **doutor**?

*Professor Moreno, sou enfermeiro e soube que o Conselho Federal de Enfermagem editou uma resolução segundo a qual os enfermeiros também fazem jus ao título de **doutor**. Antes de fazer um novo crachá e um novo carimbo, no entanto, gostaria de saber se é legítimo o uso do **doutor** antes de meu nome. Confesso que até gostaria de ser chamado assim, mas não acho muito honesto com os pacientes.*

Enfermeiro Atento – Campos (RJ)

Meu caro amigo, não sei se ela ainda está em vigor, mas essa resolução é uma das peças mais surrealistas que li sobre este assunto (Resolução COFEN-256/2001 – Autoriza o uso do Título de Doutor pelos Enfermeiros). O Conselho de Enfermagem, além de fazer afirmações completamente equivocadas (o título de **doutor** jamais foi genérico para portadores de diploma de curso superior – só os médicos e os advogados costumam usá-lo, à moda deles, fora do sistema acadêmico de títulos, que só chama de **doutor** quem fez doutorado), realizou a proeza de atribuir direitos a si mesmo! Por que eles não decidiram, logo, autorizar os enfermeiros a usar o título de **rei**, ou de **bispo**, ou ainda de **vereador**? O disparate seria igual se o Conselho Regional de Engenharia fizesse o mesmo, ou o de Economistas, ou o de Contabilistas!

Sua hesitação em usá-lo, amigo, é muito sábia; se você leu o que escrevi em "***Quem é doutor, afinal?***", deve conhecer a minha opinião: de um lado, há o **doutor** quente, com curso de pós-graduação e defesa pública de tese; este é incontestável, seja ele psicólogo, dramaturgo, enfermeiro, cineasta ou matemático, e seu título é reconhecido legalmente no Brasil e no resto do mundo, gerando vários efeitos jurídicos – inclusive a capacidade de postular certas vagas que exigem essa titulação e o direito de receber adicionais na sua remuneração. Do outro, há o **doutor** popular, forma cerimoniosa de tratamento dos médicos, dos advogados, de pessoas mais ricas, de poderosos em geral, neste país de imensos contrastes que é o nosso querido Brasil. O guardador de carros da minha rua sempre me chama de **doutor**, não porque conheça o meu trabalho na universidade ou os livros que escrevi, mas porque, na óptica dele, quem tem carro é rico, e quem é rico é doutor. Nesse segundo **doutor**, teoricamente, cabemos todos nós, porque, se não somos tão poderosos ou ricos quanto um Ermírio de Morais, somos muito mais poderosos ou ricos que o pobre retirante que caça calango para matar a fome. Na pirâmide social, chamaremos de **doutor** quem está acima de nós, e assim seremos chamados por quem está abaixo – mas isso não se regula com portarias ou resoluções. Depende de uma intrincada rede de fatores sociolinguísticos, na qual intervêm, inclusive, traços de nossa relação subjetiva com nossos interlocutores. Eu trato todos os professores por **tu** ou **você**; a alguns, no entanto, a quem respeito pela idade ou pela sabedoria, chamo de **professor**. O mesmo acontece com os médicos: trato-os sempre na 2ª pessoa, exceto aqueles que, pelos mesmos motivos, prefiro chamar de **doutor**.

Vossa Meritíssima?

O Professor mostra que essa forma de tratamento é uma cruza de jacaré com cobra-d'água.

*Professor Moreno, alguns gramáticos afirmam que **Vossa Meritíssima** deve ser grafado apenas por extenso; todavia, já vi a forma **MM.** como referência ao pronome de tratamento em questão. Há ainda gramáticos que insistem em dizer que o **vossa** não deve ser usado quando associado ao termo **Meritíssima**. A quem devo seguir? O que devo fazer?*

Petrúcio

Meu caro Petrúcio, acho que há um engano aqui, pois ***Vossa Meritíssima** é uma sequência impossível na estrutura do Português. Os nossos pronomes de tratamento sempre têm a estrutura [**vossa+substantivo**]: Vossa **Majestade**, Vossa **Alteza**, Vossa **Santidade**, Vossa **Eminência**, Vossa **Excelência**, Vossa **Senhoria** – e **Meritíssima**, como você sabe, é um **adjetivo**.

Outra coisa bem diferente são os adjetivos superlativos que usamos para qualificar certas autoridades – neste caso, sempre **antes** de um **substantivo**: Digníssimo **Senhor**, Ilustríssimo **Diretor**, Excelentíssimo **Presidente** – e por aí vai a valsa. Acho que podemos distinguir muito bem entre as duas situações: **Vossa Excelência** e **Vossa Magnificência**, de um lado, e **Excelentíssimo** e **Magnificentíssimo**, de outro.

Como você pode ver, não cabe um ***Vossa Meritíssima**, assim como não cabe um ***Vossa Excelentíssima** (como alguns parlamentares andam usando por aí), pois se criaria uma exótica e inaceitável sequência [**vossa**+**adjetivo**], que o nosso idioma desconhece. No mundo jurídico, é muito comum (e adequado) usar-se **Meritíssimo** como **adjetivo** de tratamento para magistrados. Ao nos dirigirmos diretamente a um juiz, podemos simplesmente utilizar **Meritíssimo** – ou **Meritíssima**, caso se trate de uma juíza.

Curtas

quem é "excelência"?

> Maurici L., de Porto Velho (RO), precisa saber quem deve ser tratado como **Vossa Excelência** e como se abrevia. Acrescenta: "Por exemplo, como devo me referir a uma Procuradora Federal?".

Meu caro Maurici, num país dominado pelas vaidades públicas, como o nosso, use **Vossa Excelência** (abreviado como **V. Ex.ª**) para todo o mundo, que assim todos ficam satisfeitos. Em Portugal, que é um país extremamente educado, os vendedores de peixe e os porteiros de hotel chamam todo mundo de **excelência**; ninguém fica ofendido com a honraria. Eu faço assim, e só não uso **Vossa Majestade** porque as pessoas iriam perceber que é ironia.

P.S.: Quando você se dirigir diretamente à autoridade, use **Vossa Excelência**; quando você falar **sobre** ela, troque para **Sua Excelência**.

favor **limpar** os pés antes de entrar

> Gorete diz que tem o hábito de empregar **tu** como forma de tratamento; um dia desses, escreveu em um e-mail a frase "Favor lê o

anexo", e seu chefe ficou furioso. "Ele tinha razão, Professor, ou era só preconceito comigo, porque sou de Teresina?"

Prezada Gorete, se você prefere o **tu**, deveria ter escrito "Por favor, **lê** o anexo". Isso é o imperativo afirmativo para a 2ª pessoa, como se pode ver em qualquer gramática. No entanto, quando usamos apenas o "Favor", o normal é usar o infinitivo: "Favor **ler** o anexo". É claro que na pronúncia usual brasileira (e não só do Piauí, como indelicadamente afirmou o seu chefe), o /r/ final do infinitivo muitas vezes não é pronunciado, fazendo com que **ler** soe como /lê/. Foi isso o que atrapalhou você na hora de escrever. Compare "Por favor, **limpe** os pés ao entrar" com "Favor **limpar** os pés ao entrar".

conta ou conte

[?] A leitora Dinah quer saber qual é a forma correta: "Brasil, **conte** em cantos um pouco da sua história" ou "Brasil, **conta** em cantos um pouco da tua história".

Minha cara Dinah, se você vai usar **conta**, deve usar **tua**; se usar **conte**, deve usar **sua** – tudo depende de como você vai se dirigir ao Brasil. Escolha entre **tu** ou **você**; o que não pode é "*Brasil, **conta** a **sua** história", porque estaria misturando os dois tratamentos.

tratamento para reitores

[?] A leitora Yasmin X., do Rio de Janeiro, quer saber qual a forma de tratamento para **Reitor**.

Ora, minha cara Yasmin, desde a Idade Média o tratamento dispensado aos reitores é **Vossa Magnificência** – e é por isso que nossos diplomas têm, no texto, "**O Magnífico Reitor** da Universidade...".

seu ou teu

> Carlos M. nos informa que, dirigindo-se ao interlocutor, costumava dizer "isto é um problema **seu**", até que um amigo teimou que o pronome correto seria **teu**, alegando que o tratamento do interlocutor deve ser **tu**. Pergunta: "Isso é correto, ou podemos dizer **seu** em referência a **você**?".

Meu caro Carlos, quem usa **tu** para se dirigir a seu interlocutor (como eu normalmente faço), vai usar **teu**; quem usa **você**, vai usar **seu**. Compare: "**Tu** perdeste o ônibus? Isso é problema **teu**" com "**Você** perdeu o ônibus? Isso é problema **seu**". É fantástico como esses amigos vivem dando palpites furados!

tratamento para padre

> Luciane F., de Juiz de Fora (MG), pergunta qual é o pronome de tratamento exato para um **padre** ou **religioso**.

Prezada Luciane, isso não é uma questão de Língua Portuguesa, mas sim de protocolo eclesiástico. O papa é **Vossa Santidade**, um **cardeal** é **Vossa Eminência**. E um bispo? E um padre comum? Se isso realmente é importante para você, deve perguntar a um padre culto (dos antigos), que ele vai saber.

faça um 21

> Vítor F., de São Paulo (SP), tem dúvida quanto à propaganda da EMBRATEL. Alguns de seus colegas dizem que o correto é "**Faz** um 21", enquanto outros defendem "**Faça** um 21". Qual é a certa?

Meu caro Vítor, quem costuma tratar o interlocutor por **você**, dirá "**faça** um 21"; se, contudo, preferir o tratamento de **tu** (como eu faço), dirá "**faz** um 21". É a mesma diferença que existe entre "**toma/tome** cuidado", "**fica/fique** quieto", etc.

pronomes com **Vossa Excelência**

> Rosa B., de São Paulo (SP), pergunta: "Numa correspondência formal que usa o tratamento **V. Ex**ª, qual o pronome possessivo adequado? É 'Colocamo-nos à **vossa disposição**' ou 'à **sua disposição**'?".

Minha cara Rosa, todos os pronomes de tratamento – **Vossa Senhoria**, **Vossa Excelência**, **Vossa Majestade**, **Vossa Santidade**, etc. –, apesar de ostentarem esse sonoro **vossa**, não passam de pronomes de 3ª pessoa, da mesma forma que **você** (que, aliás, é uma forma reduzida do antigo **Vossa Mercê**). Portanto, "Vossa Excelência vai encontrar **seu casaco** no banco de trás de **seu carro**"; "Dirijo-me a Vossa Excelência para convidá-**lo**"; "Coloco-me à **sua** inteira disposição"; e assim por diante.

tratamento adequado

> Acácio Hypolito quer saber qual o tratamento que deve usar quando estiver se dirigindo (1) ao principal executivo/diretor de uma empresa e (2) a um cônsul.

Meu caro Acácio, você pode restringir o seu arsenal de pronomes de tratamento a **dois**, apenas. Para pessoas de destaque no mundo civil, use **Vossa Senhoria** – é o caso do executivo. Para autoridades (de qualquer tipo, mesmo as que não merecem) use **Vossa Excelência** – é o caso do cônsul. Assim você nunca vai errar.

vós

> Luiz A. R., do Rio de Janeiro (RJ), diz que existe uma oração que diz "Oh! **Meu** Jesus, **perdoai-nos**, **livrai-nos**..." – e pergunta se está certa esta concordância.

Meu caro Luiz, nessa oração, Jesus está sendo tratado como **vós**, como era o costume dos textos religiosos tradicionais (hoje se usa o tratamento de 3ª pessoa). Como no **Pai-Nosso** ("Pai Nosso, que **estais** no céu..."). No exemplo que você citou, estamos usando o imperativo: **perdoai, fazei, livrai-nos**. Não sei por que grifaste o **meu** – esse pronome possessivo não tem a menor influência no tratamento que está sendo usado. Se ainda houvesse rei no Brasil, poderíamos dizer: "Meu Rei, **concedei-nos** um aumento", ou "Meu Senhor, **baixai** o preço da gasolina".

não faz, não faças

> José Nisa gostaria de saber qual é a diferença entre **não faz isso** e **não faças isso**. "Quando é que devo utilizar cada uma das formas?"

Meu caro José, "**não faças isso**" é a forma culta da 2ª pessoa do singular do imperativo negativo, usada para o tratamento com **tu**. "**Não faça isso**" é a 3ª pessoa, também do Português Culto, usada para o tratamento com **você**. Agora, "**não faz isso**" é a forma popular do imperativo, não importando se estamos tratando o ouvinte por **tu** ou por **você** – e esta não deve ser utilizada em situações que exigem a linguagem mais cuidada.

você

> Natália, leitora de Goiânia (GO), gostaria de saber se o pronome **você** pode, diferentemente de **eu**, **tu**, etc., ser usado como **objeto direto**, como em "adoro **você**".

Prezada Natália, **você**, como qualquer outro pronome de tratamento (se você não percebeu, ele é irmão dos solenes **Vossa Senhoria**, **Vossa Excelência**, etc.), só tem uma forma, não dispondo daquelas variações condicionadas sintaticamente (objeto, sujeito) que têm o **eu** (**me** e **mim**) e o **tu** (**te** e **ti**). Por isso, ele pode desempenhar qualquer função.

7. Concordância nominal

Os **artigos**, os **pronomes**, os **numerais** e os **adjetivos** são como satélites que acompanham o planeta **substantivo**, e com ele devem concordar em **gênero** e **número**. Esse é o princípio básico da **concordância nominal**, que nosso idioma evidencia de uma maneira quase obsessiva: basta ver quantas vezes assinalamos o gênero (feminino) e o número (plural) na sequência **minhas duas camisas amarelas** (que no Inglês seria **my two yellow shirts**, em que a única marca é o plural **shirts** – numa economia que chega a beirar a avareza).

São vários os motivos que nos levam a tropeçar na concordância – uns mais sofisticados, outros nem tanto. O mais elementar consiste em flexionar apenas o vocábulo mais à esquerda da sequência, deixando imóveis todos os demais (inclusive o substantivo): ***uns livro velho**, ***os carro antigo**. Depois, pela ordem, vem o desconhecimento do gênero que o uso culto atribui a determinados vocábulos: meu avô, por exemplo, que era um homem honrado e simples, dizia ***minha pijama novinha**; no frio da serra gaúcha, já ouvi muitas vezes falarem ***do chaminé entupido**; e não são poucos os leitores perguntando se ***a trema não foi abolida**...

Você que está lendo este *Guia*, no entanto, já é um usuário mais avançado de nosso idioma e não deve temer esses escorregões tão singelos. O perigo maior que vai encontrar no caminho será, a meu ver, os adjetivos adverbializados, isto é, um **adjetivo** no **masculino, singular**, que passa a funcionar como **advérbio** (em outras palavras, o mesmo vocábulo pode ser **adjetivo** ou **advérbio**, dependendo de sua posição na frase. Ora, **essa distinção é fundamental para a concordância**, pois os **advérbios** estão no grupo dos **vocábulos invariáveis**, enquanto os **adjetivos** concordam em gênero e número com os substantivos que acompanham. Você vai notar a diferença se comparar "estes sapatos são **caros**" com "estes sapatos custaram **caro**"; o primeiro é um **adjetivo**, ligado a **sapatos**; o segundo é um **advérbio**, ligado ao verbo **custar**. É com base nessa diferença que justificamos, como você lerá adiante, a famosa frase publicitária da "**cerveja que desce redondo**".

a cerveja que desce **redondo**

Afinal, uma boa cerveja deve descer **redondo** ou descer **redonda**? Vejam o que realmente está acontecendo na cervejaria Skol.

Uma boa cerveja deve descer **redondo** ou **redonda**? Se **redondo** é adjetivo, não deveria concordar com **cerveja**? Muitos leitores fazem a mesma pergunta, motivada pela campanha de uma de nossas grandes cervejarias. A frase da cerveja Skol está correta; na minha experiência, contudo, quando um número expressivo de falantes tem dúvida quanto ao emprego de uma determinada forma, é porque, como diziam os latinos, *latet anguis sub herba* (há uma serpente escondida nessa relva). Em outras palavras, alguma coisa deve estar motivando a estranheza sentida por tanta gente.

O que temos aqui é um caso de **adverbialização** do adjetivo, fenômeno que já se observava no Latim e que se tornou muito comum em nosso idioma. Dito de maneira mais simples: o **adjetivo**, em Português, pode ser usado como um **advérbio**: "A águia voava **alto**"; "Cães de fila custam **caro**"; "Ela não senta **direito**". Dá para notar perfeitamente que esses adjetivos (aqui, no masculino singular – que é, na verdade, a forma **neutra** dos nomes flexionáveis) estão modificando o **verbo**, e não o substantivo.

A dúvida dos leitores quanto a essa estrutura, como bem diz Celso Cunha, em sua ***Gramática do Português Contemporâneo***, nasce do caráter fronteiriço entre o adjetivo e o advérbio. Nas frases em que predomina o valor de **adjetivo**, o leitor interpreta o vocábulo como um **predicativo do sujeito**; somos levados a ler "ela desceu **maquilada**" ou "eles chegaram **tristes**" como "**ela** estava **maquilada** quando desceu" e "**eles** estavam **tristes** quando chegaram". Notem como, nesses casos, a **concordância** é uma manifestação concreta da relação sintática **sujeito-predicativo**.

Nas frases em que predomina o valor de **advérbio**, no entanto, o leitor interpreta o vocábulo como um **adjunto adverbial** (geralmente de **modo**). Para mim, "ela desceu **rápido**" significa "ela desceu **rapidamente**". Quando uso **baixo** em "eles falavam **baixo**", estou especificando **de que maneira** eles falavam. A ausência de flexão de **baixo** e de **rápido** confirma o seu valor de advérbio.

Se testarmos a frase da cerveja com vários falantes – para captarmos a cor local, pode ser até numa mesa de bar –, tenho certeza de que a maioria entenderá que **redondo** descreve a **maneira** como ela desce (até porque **redondo**, aqui no sentido de "suave, macio", não é um atributo relacionado normalmente com uma bebida, mas sim com seu trajeto e com sua passagem por nosso equipamento gustativo). Da mesma forma, não tenho dúvida de que uma frase como "a cerveja desceu **gelado**" será rejeitada por quase todos, pois aqui "**gelado**" é nitidamente um atributo do sujeito ("a **cerveja** estava **gelada** quando desceu").

Espero ter deixado clara a diferença entre as duas situações. É evidente que meus colegas sintaticistas e semanticistas conseguem, utilizando a linguagem e a metodologia adequadas, descrever com precisão o que está por trás deste problema; o difícil – e este é o principal objetivo deste *Guia Prático* – é transmitir o resultado dessa análise ao grande número de leitores que, embora não especializados, demonstram um entusiasmado interesse em conhecer melhor o idioma que usam.

nacionalidade **brasileiro** ou **brasileira**?

Entenda por que João tem nacionalidade **brasileira**, mas escreve **brasileiro** nos formulários que preenche.

*Caro Professor, qual a maneira certa de dizer: "A nacionalidade de João é **brasileira**" ou "A nacionalidade de João é **brasileiro**"? Muda de homem para mulher?*

Marcela V. – João Pessoa (PB)

Marcela, acho que você se equivocou ao formular a questão. É claro que na construção "a nacionalidade de João é..." só cabe a forma feminina (brasileira), já que é o predicativo da frase e deve forçosamente concordar com nacionalidade. Você vai encontrar muitos exemplos assim na imprensa: "Fulano de Tal, de nacionalidade portuguesa", "os atletas de nacionalidade alemã", e assim por diante.

Aposto, no entanto, que a sua verdadeira dúvida é outra: quando o João preenche um formulário ou uma ficha de inscrição, no campo "Nacionalidade" ele deve escrever brasileiro ou brasileira? Acertei? Se for esse o problema, a resposta é brasileiro, da mesma forma que a Maria, ao preencher o campo "Estado Civil", vai escrever casada, não casado.

seu(s) próprio(s) umbigo(s)

Como se diz: os nativos usavam turbante **na cabeça** ou **nas cabeças**?

*Eu e dois colegas escrevemos um texto cuja última frase é a que segue:"Os atuais servidores não devem ficar olhando apenas para **seu próprio umbigo**". Um colega nos criticou, dizendo que deveria ser "apenas para **seus próprios umbigos**", já que se trata de muita gente.*

Júlio B. – Porto Alegre (RS)

Prezado Júlio, embora estejamos falando no plural (**atuais servidores**), é muito adequado usar o singular para **umbigo**, porque está perfeitamente implícita a ideia de **cada um o seu**. É uma tradicional construção de nosso idioma: "Os indianos rezavam com **a mão na testa**", "Os holandeses dormiam com **o olho esquerdo fechado**" (os exemplos são besteirol puro, mas dão uma boa ideia do que eu quero dizer). O plural, nesses casos, é desajeitado e desnecessário – o que, aliás, a julgar pela pergunta, vocês também haviam notado. Eu teria escrito a frase exatamente como vocês o fizeram; talvez eu eliminasse o possessivo **seu**: "ficar olhando apenas para o próprio umbigo". Peguem os dois exemplos que eu dei acima e introduzam um possessivo – **sua mão** e **seu olho esquerdo** – e vão perceber a (pequena) diferença.

camisas **cinza**

Uma leitora estranha que algumas cores tenham plural, enquanto outras não. Veja por quê.

*Professor Moreno, por que o plural de **gravata cinza** é **gravatas cinza** (não ocorre variação quanto à cor), enquanto o plural de **terno azul** é **ternos azuis** (aqui ocorre variação)? Desde já, grata por sua atenção.*

Renata L. – Santos (SP)

Prezada Renata, você deve saber que os adjetivos que exprimem cor são em número muito reduzido para cobrir todos os matizes que nossos olhos e nosso cérebro distinguem: **azul**, **amarelo**, **branco**, **vermelho**, **verde**, etc. Por isso, usamos, para denominar as demais cores, uma locução formada de [**cor** + **DE** + **substantivo**], em que o substantivo nomeia algo que tem uma cor característica. Falamos de "cor de **vinho**, de **rosa**, de **laranja**, de **pinhão**, de **tijolo**, de **telha**, de **areia**, de **gelo**, de **charuto**, de **champanha**", etc. Naturalmente, essa locução não pode flexionar: "camisa **cor de laranja**, camisas **cor de laranja**"; "gravata **cor de vinho**, gravatas **cor de vinho**".

No uso, nem sempre precisamos verbalizar esse "**cor de**": posso dizer "vestido **cor de rosa**" ou "vestido **rosa**", "sapato **cor de pinhão**" ou simplesmente "sapato **pinhão**". Apesar dessa elipse da primeira parte, a locução continua ali, o que mantém invariável o substantivo: "camisas **azuis**, **verdes**, **amarelas**" (são **adjetivos** e devem concordar com o substantivo que acompanham), mas "camisas **vinho**, **laranja**, **rosa**, **champanha**" (são **substantivos** que figuram na expressão "cor de X"). Temos um gato **cinzento**, dois gatos **cinzentos** (adjetivo), mas um gato [cor de] **cinza**, dois gatos [cor de] **cinza**.

anexo ou em anexo?

> Podemos optar livremente entre **anexo** e **em anexo**, ou apenas uma dessas duas formas estará correta?

Sérgio M., um de meus leitores mais assíduos, meu crítico implacável e quase colaborador, volta à carga:

*Numa de suas respostas, encontrei "quanto ao teu problema, mando-te, **em anexo**, o que escrevi ...". O que me intrigou foi a expressão "**em anexo**". Sou avesso à preposição "em" no anexo a uma* *correspondência como a tua. Autores respeitáveis a condenam. O Sérgio Nogueira, do JB, aceita. Há os que não. Conheço vários, pessoalmente. Durante os meus quase vinte anos de funcionário público estadual, expurguei cuidadosamente os **em anexo** nos ofícios que redigia, embora pendurasse neles anexos sem conta. Um abraço.*

Sérgio M. – Belo Horizonte (MG)

Meu caro Sérgio, "A lista vai **anexa**" ou "a lista vai **em anexo**"? Qual é a forma correta? Na verdade, **ambas** são consideradas bem formadas; trata-se, porém, de construções com estruturas sintáticas diferentes, como pretendo demonstrar.

Como já ensinava Celso Pedro Luft – meu mestre, a quem dedico este ***Guia Prático*** –, há um **anexo** adjetivo e um **anexo** substantivo. Em "a lista vai **anexa**", "o relatório vai **anexo**", "as notas fiscais vão **anexas**", **anexo** é um adjetivo e, como tal, concorda em gênero e número com o substantivo a que se refere.

Na segunda estrutura possível – "a lista vai **em anexo**", "os relatórios seguem **em anexo**" –, **anexo** é substantivo, regido pela preposição **em**; a expressão **em anexo** funciona como **adjunto adverbial de lugar**, respondendo à pergunta "**onde?**": "A lista vai **onde?**" – "A lista vai **em anexo**". É evidente que, não sendo adjetivo, não ocorre aqui a concordância: "Vão **em anexo** as fotos".

Ora, houve realmente quem condenasse a segunda forma, alegando que essa era uma construção francesa que estava invadindo a nossa sintaxe. Não há dúvida de que a intenção era nobre, mas, como veremos, equivocada. Os críticos de **em anexo** alegavam que, em bom Português, a preposição **em** deve combinar-se com **substantivos**, para formar locuções adverbiais (em **resposta**, em **represália**, em **aditamento**, em **compensação**), e nunca com **adjetivos**, o que seria imitação servil da sintaxe francesa (isso condenaria **em absoluto**, **em definitivo**, **em separado** e, seguindo o mesmo raciocínio, **em anexo**). Eu sempre achei curiosa essa ideia de "defender" nosso idioma contra invasões estrangeiras, porque acredito que uma língua só incorpora aquilo que a beneficia. No entanto, para fins de argumentação, digamos que eu concordasse em evitar as locuções formadas de [**em** + **adjetivo**]: ainda assim, **em anexo** estaria fora dessa interdição, uma vez que aqui, como vimos acima, **anexo** é um **substantivo** ("a lista vai **num** anexo", "a lista vai **como** anexo"). Lembro ao amigo que muitos manuais de redação oficial recomendam que especifiquemos, ao final de um ofício ou carta de encaminhamento, o número de documentos anexados: "**Anexos**: 4". Em teses e dissertações, abrimos, muitas vezes, uma seção de "**Anexos**" e a eles nos referimos como a substantivos: "No **Anexo 1**, podemos ver ..."; "O **Anexo 2** contém ..."; etc. Outro leitor, escrevendo sobre o mesmo tópico, lembrou ainda que "A lista vai **em anexo**" é equivalente, semântica e sintaticamente, a "A lista vai **em separado**". Podemos, portanto, escolher entre "a lista **anexa**" e "a lista **em anexo**"; a soma de nossas escolhas (são milhares, para quem escreve conscientemente) é que vai formar o nosso estilo pessoal.

gênero, número e caso

O Professor explica por que **não** se concorda em "**gênero**, **número** e **grau**".

*Professor, posso dizer a alguém que concordo com ele em **gênero**, **número** e **grau**?*

Robson G.

Meu caro Robson, essa expressão, que pretende ser uma forma enfática de manifestar nossa concordância para com alguma coisa, falha por se basear numa concepção gramatical errônea. Explico: a concordância é um mecanismo muito presente no Português (e quase ausente no Inglês): a flexão dos vocábulos subordinados repete os traços de flexão do vocábulo dominante. Dessa forma, a flexão dos **adjetivos**, dos **artigos**, dos **pronomes possessivos**, etc. repete os traços de **gênero** e **número** do **substantivo** que acompanham. Em "a minha nova jaqueta amarela", todos os vocábulos sublinhados estão refletindo os traços de **jaqueta**, que é o núcleo do sintagma; em outras palavras, eles "**concordam**" em gênero e número com **jaqueta**.

Nossa gramática tradicional, contudo, escrita por autores praticamente sem formação linguística, pensava que o **grau** também fosse uma forma de **flexão**. Mattoso Câmara, no entanto, já na década de 60 provava que o grau, no Português, é apenas uma forma particular de **derivação**, exatamente por não estar inserido em nosso sistema de concordância nominal, que é **compulsório**: se o substantivo está no masculino singular, o adjetivo fica obrigado a fazer o mesmo. O uso do **grau** (aumentativo ou diminutivo) é **opcional** por parte do falante: se o substantivo está no diminutivo, por exemplo, isso não obriga o adjetivo a fazer o mesmo (e vice-versa: se o substantivo estiver no grau normal, nada impede que o adjetivo venha no diminutivo): ao lado de "um **livrinho fininho**", posso ter "um **livrinho fino**" ou "um **livro fininho**".

A expressão correta, na verdade, é "concordo em **gênero**, **número** e **caso**" – e quem a usa assim demonstra uma cultura bem acima do comum, pois se refere ao Grego ou ao Latim, em que o **caso** (nominativo, acusativo, genitivo, etc.) também fazia parte do sistema de concordância. Mesmo se você não teve, Robson, a sorte de estudar um desses idiomas clássicos (o Brasil, numa atitude suicida, eliminou o Latim de seu sistema educacional, ao contrário de países mais adiantados, como a Alemanha, a França, a Itália, os próprios Estados Unidos...), mesmo assim, repito, você deve usar a expressão na sua forma adequada, pois na linguagem também se fazem notar aqueles pequenos sinais de nosso capricho pessoal – ou de nosso desleixo.

haja vista

Haja vista ou **haja visto** o aumento da gasolina? Veja como um examinador da banca de um mestrado acabou tropeçando nesta expressão.

Prezado Prof. Moreno, recentemente, ao fazer a defesa de minha dissertação de mestrado, fui corrigido por um membro da banca sobre o uso da *expressão **haja vista**, dizendo que o correto seria **haja visto**. A frase em questão era "O presente trabalho justifica-se por se tratar de tema relevante, **haja vista** a preocupação das diversas instituições citadas em atuar no sentido de regulamentar a ...". O que o Prof. tem a comentar? Grato.*

Fernando E. – Ribeirão Preto (SP)

Meu caro Fernando, o comentário de seu examinador não foi muito feliz. Em primeiro lugar, porque a frase que você usou não merece nenhum reparo; depois, porque inaceitável é a emenda que ele sugeriu. Talvez não haja outra expressão tão discutida quanto **haja vista**; todo gramático, todo estudioso, todo diletante mais sério (e os outros também...) já andaram escrevendo sobre ela. As interpretações propostas para sua estrutura chegam a meia dúzia: "**hajam vista** os acontecimentos; **haja vista aos** acontecimentos; **haja vista dos** acontecimentos; **hajam-se em vista** os acontecimentos; **haja vista** os acontecimentos". Por que essa fartura? Sejamos sinceros: ninguém consegue determinar com clareza o que faz aí o verbo **haver** e o que faz aí o vocábulo **vista** (é particípio de **ver**, ou é um **substantivo**?); consequentemente, cada um de nós vai tratar os elementos dessa expressão de acordo com a leitura que fizer.

Nosso grande mestre Celso Pedro Luft considera **haja vista** uma expressão estereotipada, inanalisável, uma espécie de "fóssil morfossintático", que deve ser classificada entre aquelas expressões de exemplificação ou explicação do tipo **isto é**, **a saber**, **por exemplo**. Como acontece com todas essas estruturas cristalizadas, a tendência é deixá-la imóvel, sem flexão: **haja vista**, e pronto. Contudo, como há opiniões discordantes, vou analisar sua frase à luz de cada uma das três correntes majoritárias.

A primeira, acima de todas, que eu também defendo, recomenda deixar tudo como está, invariável: "**haja vista os acontecimentos**", "**haja vista o preço**". Se adotarmos esta, você construiu uma frase tranchã.

A segunda admite a **flexão** do verbo **haver**, que deverá concordar com o substantivo que vier logo após: "**hajam** vista **os acontecimentos**", "**haja** vista **o acontecimento**". Como você escreveu "**haja** vista **a preocupação**", continua acertando.

A terceira, com menos adeptos, deixa o verbo **haver** imóvel, mas exige a **flexão** do **vista**: "haja **vistos os acontecimentos**", "haja **vistas as provas**", "haja **visto o livro**". Na óptica desta última, você deu em cheio no alvo ao escrever "haja vista **a preocupação**".

Como você pode ver, acertou por todos os costados, enquanto a correção (?) proposta pelo examinador não vai, ironicamente, encontrar apoio em nenhuma das três hipóteses: o masculino singular de "haja **visto** a preocupação" não tem o menor cabimento. Talvez o ouvido dele tenha sido traído por uma frase que está correta, embora nada tenha a ver com a estrutura que você estava utilizando: "Espero que ele **haja visto** a carta que deixei em cima da mesa" ("tenha visto") – mas isso é vinho de outra pipa.

Curtas

concordância com gêneros diferentes

> A leitora Rita gostaria de saber se está correto dizer "O Brasil compra automóveis e frutas **argentinos**" e "Deparei com fatos e situações **inesperadas**".

Minha cara Rita, quando um **adjetivo** está **à direita** de dois substantivos de gêneros diferentes e a eles se refere, temos **duas opções** de concordância: ou deixamos o adjetivo no **plural masculino**, ou concordamos com o **substantivo mais próximo**. "Automóveis e frutas **argentinos**" (concorda com os dois; logo, masculino plural), ou "Automóveis e frutas **argentinas**" (está concordando com o substantivo mais próximo, **frutas**). O mesmo com "fatos e situações **inesperadas**" (é a segunda hipótese); estaria correto também "fatos e situações **inesperados**".

dado o, dada a

> Clarice B., de Manaus (MA), quer saber qual é a forma correta: "**Dado** a/**Dada** a importância de colocar as pessoas certas nos cargos certos".

Minha prezada Clarice, como **dado** é um particípio, e os particípios têm geralmente as mesmas características sintáticas dos **adjetivos** (eram os antigos "adjetivos verbais"), ele vai **concordar** com o substantivo a que se refere – no caso, **importância**. Por isso, escrevemos "**dada** a importância", "**dadas** as últimas notícias", "**dado** o alto custo dos medicamentos", "**dados** os últimos acontecimentos".

concordância com **finanças**

> Patricia M., de Caicó (RN), quer saber como fazemos a concordância com a palavra **finanças**, que só consta no plural no dicionário: finanças **solidárias** ou finanças **solidária**?

Minha cara Patrícia, plural com plural, singular com singular. Se você usa **finanças**, todos os adjetivos que ligar a esse vocábulo deverão estar também no plural: **solidárias**, **públicas**, **combalidas**, etc.

duzentas mil pessoas

> A leitora Águeda, de Brasília (DF), diz que seu antigo professor de Gramática afirmava que o correto é falarmos **duzentos mil pessoas**, já que **duzentos** combina com **mil** e não com **pessoas**. Porém, esse ano, outra professora disse que o certo é falar **duzentas mil** pessoas, mesmo. Qual é o certo?

Minha cara Águeda, acho que você ouviu mal (ou está lembrando mal) o que disse o professor: é indiscutível que **duzentos** vai concordar obrigatoriamente com o **substantivo**: "**duzentos** mil **soldados**", "**duzentas** mil **cidadãs**". Onde acontecem problemas é com **milhão**, que é um substantivo autônomo e atrai a concordância: "**dois milhões** de pessoas", "**duzentos milhões** de crianças". Não será isso o que você está querendo recordar?

federal, federais

> A leitora Ana Rosa L. estranha quando os noticiários dizem "As rodovias **federais**, as faculdades **federais**, os policiais **federais**...". Pergunta: "Isso está correto?

Pois que eu saiba, referindo-se ao Brasil, é tudo uma federação só. O certo não seria os policiais **federal**?".

Minha cara Ana Rosa, **federal**, aqui, é um **adjetivo**; deve, portanto, concordar com o substantivo a que se refere: "os policiais federais", "as faculdades federais" – do mesmo modo como temos "leis municipais", "impostos estaduais", etc. O fato de sermos uma só federação não vai influir na concordância nominal.

próximo

Reginaldo, de Goiânia (GO), não consegue escolher entre "a área fica **próximo** à delegacia" ou "fica **próxima** à delegacia". Como ambas lhe parecem muito estranhas, resolveu pedir socorro.

Meu caro Reginaldo, **próximo** pode ser **adjetivo** (**próximo ano**, **próxima vítima**, **parentes próximos**) ou **advérbio** (ele mora **próximo** daqui). Como sua intuição pressentiu, aqui estamos usando **próximo** como um sinônimo de **perto**: a área fica **próximo** (perto) da delegacia. É advérbio e, portanto, invariável.

três Pálios

Thásia, de Belo Horizonte (MG), gostaria muito de saber qual a forma correta: "três carros **Pálio**" ou "três carros **Pálios**"?

Minha cara Thásia, você pode escolher entre "são **três Pálios**" ou "são **três carros Pálio**"; neste segundo caso, temos a estrutura elíptica [**carros** + **da marca** + **Pálio**].

por inteira?

> Carlos Henrique W. quer saber qual a forma correta: "a empresa comercializou sua produção **por inteira**," ou "a empresa comercializou **por inteiro** sua produção"?

Prezado Carlos, escolha entre "comercializou **sua produção inteira**" ou "comercializou **por inteiro** sua produção". Agora, "*comercializou **por inteira** a sua produção" é cruza de jacaré com cobra-d'água – não existe!

concordância do possessivo

> Sônia Regina, de Mogi das Cruzes (SP), escreve: "Sei que o pronome possessivo concorda com o objeto de posse, mas, no exemplo a seguir, qual é a forma correta? 'Duas irmãs estavam indo para a casa de **suas vovós**', 'de **suas vovó**' ou 'de **sua vovó**'?".

Na sua pergunta, Sônia, você já dá o rumo para solucionar o problema: no Português, o possessivo concorda sempre com o **objeto possuído**. Os dois irmãos foram ao aniversário de **seu pai**. As duas irmãs foram para a casa de **sua vovó**. É simples assim – pressupondo que estamos falando de apenas uma avó. No Natal, as duas irmãs podem ter dado uma passada na casa de **suas vovós** (visitaram a avó materna e depois a avó paterna). Agora, de onde você foi tirar aquele "***suas vovó**"? Credo!

rente, rentes

> Péricles D., de Curitiba (PR), quer saber qual é a forma correta: "Os resistores devem ser soldados **rente/rentes** às placas? A palavra **rente** tem plural?".

Meu caro Péricles, não se trata de saber se **rente** tem ou não plural, mas sim como ele fica nessa sua frase. **Rente** é um adjetivo normal, pluralizável. No entanto, em "Os resistores devem ser soldados **rente** às placas", ele é **advérbio** e não varia. Seria a mesma coisa que "devem ser soldados **junto** às placas" (e não "*juntos").

numeral no feminino

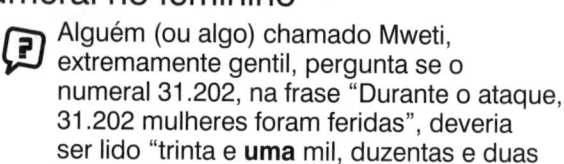

> Alguém (ou algo) chamado Mweti, extremamente gentil, pergunta se o numeral 31.202, na frase "Durante o ataque, 31.202 mulheres foram feridas", deveria ser lido "trinta e **uma** mil, duzentas e duas mulheres".

Prezado Mweti, sua intuição está correta; "trinta e **uma** mil mulheres" + "duzentas e duas mulheres" = "trinta e **uma** mil, duzentas e duas mulheres".

flexão de **bastante**

> Rogério N. gostaria de saber se a palavra **bastante** sofre flexão de número em algum momento.

Meu caro Rogério, quando **bastante** for um **adjetivo** (sinônimo de "suficiente"), ele vai flexionar normalmente: "tenho razões **bastantes** para supor", "há recursos **bastantes** para adquirir". Fora deste caso, principalmente quando significa "muito", não deveria (segundo a gramática formal) ser usado antes de substantivos **contáveis**: tenho **bastante** tempo (correto), tenho **bastante** amigos (inadequado e errado), tenho **bastantes** amigos (inadequado).

água fica **mais cara**

> Marcelino, de Uberlândia (MG), discute a manchete publicada em jornal local: **A partir de amanhã água fica mais cara**. O correto seria **caro** ou **cara**, como escreveram?

Caro Marcelino, a água **ficará** mais **cara** (**adjetivo**, com função de predicativo), ou a água **custará** mais **caro** (**advérbio**, com função de adjunto adverbial). Agora, "*ficará mais caro" não tem cabimento.

mesmo, mesma

> Márcia G., de Belo Horizonte (MG), tem dúvida sobre o emprego da palavra **mesmo, mesma**. Pergunta: "Varia de acordo com o pronome pessoal (da mesma forma que **obrigada** e **obrigado**)? Quando 'ela' fala, deve dizer 'Eu **mesma** cuidei disso'?".

Prezada Márcia, o adjetivo **mesmo** sempre vai concordar com o ser a que se refere: "nós **mesmos**" (homens, ou homens e mulheres juntos); "nós **mesmas**" (apenas mulheres); "eu **mesmo**" (homem), "eu **mesma**" (mulher), "tu **mesmo**", "tu **mesma**", e por aí vai a valsa. É idêntico ao uso do **próprio** (eu **próprio**, eu **própria**, etc.).

concordância do particípio

> Eliane G., de São Paulo (SP), gostaria de saber se está correta a concordância "Fica absolutamente **proibida** a afixação de avisos, panfletos e cartazes".

Cara Eliane, está corretíssima. "Ficam absolutamente **proibidas** as **manifestações**", "Ficam absolutamente **proibidos** os **veículos** a álcool", "Fica absolutamente **proibido** o **ingresso** de animais". Você deve ter percebido que essas frases não estão na ordem normal, que seria "**As manifestações** ficam absolutamente **proibidas**", "**Os veículos** a álcool ficam absolutamente **proibidos**", etc. – **proibido** é o predicativo e tem de concordar com o sujeito.

concordância do numeral

> Claudinei A., de Piracicaba (SP), gostaria de saber por que a concordância correta é "compramos **dois mil**, **duzentas** e cinquenta **folhas**", e não "compramos **duas mil, duzentas** e cinquenta **folhas**" ou "**dois mil, duzentos** e cinquenta **folhas**".

Ora, Claudinei, o porquê é muito simples: é que essa frase que venderam a você está completamente errada. A forma correta é "**duas** mil, **duzentas** e cinquenta **folhas**". Os numerais variáveis devem concordar com o substantivo a que se referem (no caso, **folhas**). Comece com "**duas** mil **folhas**" e "**duzentas** e cinquenta **folhas**" – agora junte tudo e verá o resultado. Abraço.

preços **sujeitos a** alterações

> Elias, de Caxias do Sul (RS), envia a seus clientes cotações de preço que variam diariamente. Para encerrar sua correspondência diária, utiliza uma frase que lhe despertou dúvida: "Preços **sujeito** ou **sujeitos** a alterações"?

Caro Elias, **eu** estou **sujeito** a gripes, **nós** estamos **sujeitos** a gripes, **as crianças** estão **sujeitas** a gripes. O particípio funciona como uma espécie de **adjetivo verbal**; aqui, **sujeito**, do verbo **sujeitar**, concorda com o termo a que se refere em gênero e número. Logo, "preços **sujeitos** a alterações".

concordância do adjetivo

> Márcio Amaro V. diz estar com uma enorme dúvida: deve escrever que oferece **aulas particular** ou **aulas particulares**? "Mesmo que não fossem duas pessoas oferecendo aulas, o **particular** também flexionaria?"

Meu caro Márcio, estamos diante de um simples sintagma, formado por um substantivo e um adjetivo: **aula particular**. Uma pessoa pode ter uma **aula particular** ou várias **aulas particulares** (note bem: se **aula** varia, o adjetivo **particular** é obrigado a variar junto); não importa quantos sejam os professores, os alunos ou os porteiros do prédio.

quaisquer

> Ellen, de Cuiabá (MT), tem dúvida quanto à diferença entre as palavras **qualquer** e **quaisquer**. Possuem o mesmo significado? Como devem ser empregadas?

Minha cara Ellen, **quaisquer** é o plural do pronome **qualquer**, nada mais. Dois exemplos do Machado de Assis: "**Quaisquer** que fossem as cores"; "o casamento, **quaisquer** que sejam as condições, é um antegosto do paraíso". Esse pronome é célebre por figurar naquela velha pergunta de almanaque: "Qual é o único plural do nosso idioma que termina em **R**?".

concordância com pronome possessivo

> Lígia D. está intrigada: "Se Maria é filha de João, posso dizer que Maria é **sua** filha, porque o possessivo concorda com o substantivo. Ora, se Paula é assistente de

Anselmo, posso também dizer que ela é **sua** assistente? Ou é **seu** assistente, para concordar com Anselmo?".

Ora, Lígia, é claro que Paula é **sua** assistente, Paula é **sua** colega, Paula é **sua** amiga. Não esqueça que estamos falando de Português, não de Inglês! Naquele idioma, o possessivo concorda com o **possuidor** (ele tem um carro: *his car*; ela tem um carro: *her car*); no nosso, o possessivo concorda sempre com **a coisa possuída** (ele tem um carro: **seu carro**; ela tem um carro: **seu carro**). Anselmo tem uma caneta: **sua caneta**; Anselmo tem uma assistente: **sua assistente**.

concordância do particípio

> Marta C., de Curitiba (PR), gostaria de saber qual das duas versões é a correta – "terem **asseguradas** boas condições de aprendizagem" ou "terem **assegurado** boas condições de aprendizagem"?

Minha cara Marta, sem o contexto, é impossível decidir qual das duas é a forma correta. Por exemplo: (1) "Acho que os cidadãos devem ter **asseguradas** boas condições de aprendizagem" – isso quer dizer que **boas condições de aprendizagem** devem ser **asseguradas** aos cidadãos. (2) "Eu admiro aqueles governantes por terem **assegurado** boas condições de aprendizagem" – isso quer dizer que eu os admiro porque eles asseguraram boas condições de aprendizagem. Em (1), o particípio se comporta como adjetivo, concordando com **boas condições**; em (2), ele é o verbo principal da locução verbal (**ter** + **assegurado**) e fica, portanto, invariável.

em anexo

> Escreve Giseli, de Florianópolis (SC): "No escritório de advocacia em que trabalho, estamos indecisos quanto à forma correta: 'Seguem **em anexo** fôlderes' ou '**Anexo**, fôlders'".

Minha cara Giseli, você pode usar "**seguem em anexo** os fôlderes"; eles poderiam seguir por malote, ou portador, ou serviço de entregas, etc. – só que estes vão **em anexo.** Você pode usar também, no fim do documento, uma fórmula mais telegráfica: "Anexos: tantos fôlderes".

concordância com a pessoa

> Rose Mary está em dificuldades quanto ao gênero de algumas palavras: "Numa determinada gramática, encontrei uma explicação em relação ao gênero das palavras **o cabeça** (o chefe), **a cabeça** (a chefe), **o caixa** (o funcionário), **a caixa** (a funcionária): quando essas palavras designarem **ofícios**, haverá flexão de gênero. Isso está correto?".

É claro, Rose Mary, que nem sempre vai ocorrer essa flexão. Por exemplo, temos **o** guia **Antônio**, **a** guia **Maria**; **o** caixa Paulo, **a** caixa Maria – em casos como esses, somos obrigados a mudar o gênero do artigo para corresponder ao sexo da pessoa mencionada. Diferente, no entanto, seria uma referência **genérica**, do tipo "ela foi acusada de ser **o cabeça** da conspiração".

concordância errada

> Vander Luís F., de Juazeiro do Norte (CE), estranhou manchete que viu no jornal: "**Os benefícios da homeopatia usada em animais**". "Achei estranho, pois o verbo deveria estar concordando com **os benefícios**, não? O jornalista responsável me garantiu que essa forma está correta, mas não me convenci."

Meu caro Vander, a matéria fala sobre "os benefícios da **homeopatia** [que é] **usada** em animais. A concordância é essa mesma: **usada** se refere à **homeopatia**; não são os **benefícios** que são **usados**. O repórter tem toda a razão. Da mesma forma, "As consequências do **tratado assinado** na Alemanha", "O objetivo das **medidas tomadas** pelo Congresso" – e assim por diante.

8. Problemas de construção

a **persistirem** os sintomas

O Professor examina a famosa frase que encerra todos os comerciais de medicamentos no Brasil.

*Oi, Professor Moreno, estou no meio de uma grande polêmica na agência onde trabalho, pois temos de finalizar um comercial com a mensagem obrigatória do Ministério da Saúde... Os comerciais que estão no ar dizem o seguinte: "**Ao persistirem** os sintomas, o médico deverá ser consultado" (esse texto consta nas normas da Vigilância Sanitária). Eu acho que o certo é "**A persistirem** os sintomas, o médico...". Gostaria de esclarecer definitivamente esse tema. Obrigada.*

Andréa G. – Porto Alegre (RS)

Minha prezada Andréa, o problema é muito simples: trata-se de duas estruturas diferentes, e vocês deverão optar entre elas com base no que pretendem dizer. "**A persistirem** os sintomas" é uma estrutura **condicional**; equivale a "**se** os sintomas **persistirem**"; comparem com "**a** continuar assim, vamos falir". "**Ao persistirem** os sintomas", por sua vez, é **temporal**; equivale a "**quando** os sintomas **persistirem**"; comparem com "ao caírem os primeiros raios, todo o sistema elétrico entrou em colapso". Não entendo de Medicina, mas nessa frase do

Ministério da Saúde parece que o significado implícito é "**se** os sintomas persistirem", embora o nexo temporal também tenha lá a sua lógica. Aliás, pergunto: por que vocês não usam o **se** ou o **quando**, que vai ser entendido por todos? O fato de ter feito esta consulta (e você não foi a primeira, acredite!) indica que a interpretação não está muito clara para o leitor em geral. Por que insistir no **a persistirem**, que, apesar de correto, vai dar muito pano para manga?

Na volta do correio, a leitora respondeu:

*Oi, Professor Moreno, obrigada pela dica. Concordo que poderíamos evitar uma polêmica maior substituindo o **A** pelo **Se**. Já fiz algo parecido... Deu o maior "bolo". Não sabia, na época, que o texto era "imexível". Fomos obrigados a usar o "**Ao**", depois obrigados a trocá-lo pelo "**A**". Muito obrigada pela ajuda. Abraços. Andréa.*

Como se depreende da narrativa de nossa leitora, o Ministério da Saúde não quis abrir mão de sua firme indecisão gramatical...

dupla negativa

Duas negativas numa frase valem por uma afirmativa? Um leitor alega que a pessoa que diz que **não** está querendo **nada**, no fundo, está querendo alguma coisa.

*Acho estranho o hábito que as pessoas têm de usar duas negativas juntas: "eu **não** quero **nada**", "eu **não** sou de **nada**", "**não** pedi **nada** para ninguém", etc. Apesar de autodidata, acho muito esquisito (ou,* *como diriam outros, **esdrúxulo**) falar ou escrever assim; a frase, dita ou escrita dessa maneira, parece perder o seu sentido negativo e ganhar sentido afirmativo. Quem diz "eu **não** quero **nada**" alguma coisa está querendo. Gostaria que o Professor me desse uma resposta definitiva sobre este assunto. Muito obrigado!*

José B. A. – Cruzeiro (SP)

Meu caro José, em primeiro lugar, ninguém pode dar respostas **decisivas** sobre questões de linguagem; como na Medicina ou na Biologia, as respostas sempre refletem nosso atual estágio de conhecimento. Na Ciência, como você bem sabe, o que vale hoje com certeza vai ser suplantado amanhã. O que eu faço é fornecer a meus leitores o que me parece, no momento, ser a orientação melhor e mais sensata.

Em segundo lugar, **não** existe **nada**, em Português, que vede a dupla negação (você percebeu o **não**... **nada**?). Isso até pode valer para certos ramos da Lógica Formal, onde duas negativas levam a uma afirmativa (como na Matemática, onde **menos** com **menos** dá **mais**). Embora a gramática padrão do Inglês não aceite a dupla negação, a maioria das línguas humanas (que vão muito, mas muito além da Lógica Formal) utiliza tranquilamente essa construção, multiplicando, na mesma frase, vocábulos negativos que se reforçam uns aos outros; como diz o linguista dinamarquês Otto Jespersen, "os falantes espalham uma fina camada de coloração negativa sobre a frase inteira, em vez de concentrá-la num único lugar".

Vamos encontrar construções como "**Não** devo **nada** a ninguém", "**Não** quero saber de **nada**", "**Nunca** vi **nada** parecido", e assim por diante, em todos os nossos bons escritores, inclusive no maior de todos eles, o incomparável Machado de Assis. Nos mais antigos, deparamos com formas mais radicais ainda: por volta de 1500, Gil Vicente escrevia "**Nem** tu **não** hás de vir cá"; "A **ninguém não** me descubro"; "**Nem** de pão **não** nos fartamos".

Muitas são as situações em que empregamos instintivamente duas ou mais palavras com carga negativa. Para usarmos **nenhum**, por exemplo, é indispensável que a frase inclua antes um **não**: embora na posição de **sujeito** possamos encontrar o pronome **nenhum** sem o **não** anterior ("**Nenhum** jogador quis falar"), nas demais posições sintáticas, contudo, a correlação "**não**... **nenhum**" é praticamente obrigatória: "Esta geladeira **não** é **nenhuma** Brastemp"; "**Não** encontrei **nenhum** defeito"; etc. Além disso, você deve estar familiarizado com frases do tipo "aquilo **não** vale **nada, não**", com esse **não** adicional que costumamos acrescentar ao final de uma negativa enfática. E não esqueça: no quotidiano, no calor da hora, quando tivermos de negar alguma coisa muito importante mesmo, vamos usar todas as palavras negativas que conseguirmos enfiar numa frase, como ouvi um dia, por cima do muro, um vizinho meu gritar para a mulher: "Já te disse que **não** tenho **nadica** de **nada** a ver com Marina **nenhuma**!".

absolutamente é negativo?

*Caro Prof. Moreno, o uso do advérbio **absolutamente** não deveria ser restringido apenas a orações que expressem **negação**? Explico: enquanto lia seus textos, encontrei a frase "O estranho, bizarro, absolutamente insano é dizer **um clips**". Bem, enquanto me preparava para um concurso, minha atual professora de Português me informou que o uso do advérbio **absolutamente** deveria se restringir, em suma, ao uso de orações que expressassem **negação**. Ela ainda usou como exemplo um apresentador de televisão daquela época, Jota Silvestre, que dizia "A resposta está **absolutamente** certa". Segundo a professora, sendo **absolutamente** igual a **não**, o apresentador estava dizendo na verdade que a resposta estava errada, diferentemente do que ele pretendia na prática. Usando esse mesmo raciocínio, posso dizer que o senhor quis dizer **não insano** quando se referiu a **um clips**?*

Davi E. M. – Uberlândia (SP)

Prezado Davi, talvez sua memória esteja lhe pregando uma peça quanto aos ensinamentos de sua professora (ou talvez tenha sido mesmo a mestra quem se equivocou). É verdade que nosso **absolutamente**, usado como resposta, é negativo, enquanto o *absolutely* do Inglês é positivo. À pergunta "Foi você que fez isso?", se um brasileiro responder **absolutamente**, ele estará dizendo que **não**; se um inglês responder *absolutely*, ele estará dizendo um **sim enfático**.

245

Fora desse contexto, no entanto, **absolutamente**, ao ser usado como advérbio de intensidade (principalmente junto a **adjetivos**), não traz nenhum sentido negativo. Entre muitos outros, você vai encontrar exemplos em Rui Barbosa ("É **absolutamente necessária** a sua residência nesta capital"; "Não há, naquela assembleia, um deputado que não esteja **absolutamente certo** do contrário") e em Machado de Assis ("Era **absolutamente impossível** não concordar com esta opinião"; "...o projeto é **absolutamente original**" – o que, vamos convir, já basta para mostrar que o "**Absolutamente certo!**" do J. Silvestre estava **absolutamente** (inteiramente) **certo**.

e nem

*Meu caro Moreno, um anúncio de jornal diz: "A internet que não quebra a sua cabeça **e nem** o seu bolso". Esse é apenas um exemplo de algo que eu tenho lido bastante por aí e não consigo entender. Por que usar a expressão **e nem** quando a palavra **nem** teria exatamente o mesmo significado? Ou não teria?*

Giba Assis Brasil

Prezado Giba, muito bem observado. A frase do anúncio está equivocada, sem dúvida. Contudo, o problema não é tão simples quanto parece. Há frases em que vai ocorrer, normalmente, a sequência **e** + **nem**. Explico.

1 – Só nem

Nem é a união de [**e**+**não**], como você já observou em sua pergunta. Como o **e** já está implícito no **nem**, repeti-lo seria um daqueles erros tão famosos que até nome tem: pleonasmo vicioso.

Ele não voltou [**e não**]/[**nem**] avisou quando o fará.

1.1 – É muito comum a oração introduzida por **nem** ser antecedida por uma oração com **não** ou qualquer outra palavra negativa (**ninguém**, **nunca**, **jamais**, etc.):

Nós **não** comparecemos à audiência,
nem fomos citados de novo.

Ninguém o ajudou, **nem** ajudará.

Nunca visitavam os pais, **nem** telefonavam.

1.2 – Pode aparecer repetido (**nem**... **nem**...)

Nem a polícia recuava, **nem** os
manifestantes se dispersavam.

1.3 – Entra no lugar de **não** antes de **todos**, **tudo** e **sempre**:

Nem sempre teremos essa sorte.

Nem tudo que reluz é ouro.

Nem todos podem pagar esse preço.

1.4 – Em algumas estruturas tradicionais, vale pôr **e sem**:

História **sem** pé **nem** [e sem] cabeça.

Ele puxou o revólver, **sem** quê **nem**
[e sem] para quê.

Ele disse isso, **sem** tirar **nem** [e sem] pôr.

2 – A sequência e nem

Observe os seguintes exemplos, todos corretos:

Ele me reconheceu **e nem** me cumprimentou.

Foi visitar o prefeito **e nem** fez a barba.

Devia-lhe muitos favores **e nem**
se propôs a ajudá-lo.

O que me parece mais importante é perceber que este **e** não tem relação alguma com o **nem**, ou seja, não existe, na verdade, a expressão **e nem**. O que temos aqui é uma sequência casual de dois vocábulos independentes, sintática e semanticamente. Vejamos:

2.1 – O valor da conjunção **e**, aqui, não é **aditivo**, mas **adversativo** (equivale a **mas**, como na frase "Ele é bilionário **e** não ajuda ninguém"). As duas frases abaixo são sinônimas:

(a) O professor me reconheceu **e** nem me cumprimentou.

(b) O professor me reconheceu, **mas** nem me cumprimentou.

2.2 – O **nem**, por sua vez, está sendo usado para indicar que algo inesperado aconteceu. Compare:

(c) O professor me reconheceu **e não** me cumprimentou.

(d) O professor me reconheceu, **mas não** me cumprimentou.

(e) O professor me reconheceu **e nem** me cumprimentou.

(f) O professor me reconheceu, **mas nem** me cumprimentou.

Embora em todas as frases o nexo adversativo (tanto o **mas**, quanto o **e**) indique que eu aguardava o cumprimento que não veio, em (e) e (f) fica implícito que isso era o **mínimo** que o professor devia ter feito. Percebe-se que nessas frases o **nem** faz parte de uma expressão maior: **nem [ao menos]**, **nem [mesmo]**, em que a segunda parte pode vir explícita ou implícita.

(g) O professor me reconheceu **e nem ao menos** me cumprimentou (sequer).

(h) O professor me reconheceu, **mas nem ao menos** me cumprimentou (sequer).

É importante frisar, finalmente, que este **nem** é bem diferente do que aparece na seção 1. Enquanto aquele, por representar [**e+não**], deve sempre ser antecedido de uma oração negativa, este não tem a mesma exigência.

se se

Eu tive um professor que condenava qualquer ocorrência de **se se** em nossas redações: "**Cecê** é cheiro de axila!", ele esbravejava. Em parte ele tinha razão.

Prezado Professor, na frase "Quando estou lá fora, sempre aprontam alguma coisa, até mesmo **se** *se trata de país tão amigo e fraterno quanto Portugal", o **se** aparece repetido; por que e como é isso?*

Danilo N. – Pelotas (RS)

Meu caro Danilo, a frase está correta, mas, como você mesmo notou, muito desajeitada. O primeiro **se** é a **conjunção** condicional (no Inglês, seria o **if**). O segundo é o **pronome se**, que faz parte do verbo **tratar-se**; infelizmente, ele não pode aqui ficar depois do verbo (em ênclise): seria horripilante um "até mesmo se trata-se de país...".

Examine a frase "**quando se** trata de dinheiro", ou "é sério, **porque se** trata de dinheiro": aí temos [**quando+se**] e [**porque+se**]. O **se**, em ambos os exemplos, é **pronome**. Agora imagine a **conjunção se** entrando no lugar de **quando** ou de **porque**: [**se+se**]. O encontro é perfeitamente possível; eu, contudo, o evitaria, reescrevendo a frase para "até mesmo no caso de um país ..." ou "até mesmo quando se trata de um país...". Há sempre dezenas de maneiras para dizer a mesma coisa: essa é a grande riqueza da língua.

faz com que

Em **O uso do chuveiro fez com que a conta aumentasse**, aquele **com** é realmente necessário?

*Caro Prof. Moreno, tenho combatido a expressão "isto **faz com que**...", porém vejo "gente grande" empregando esta muleta (?) sem pensar. Proponho sempre a forma "isto **faz que**...". Gostaria de conhecer sua opinião.*

Marcos B. – Ourinhos (SP)

Meu caro Marcos, mesmo que você seja professor de Português (não sei qual a sua profissão), você não deve andar por aí combatendo palavras ou expressões. Defenda as formas que você considera corretas, mas evite atacar as que os outros empregam. Lembre-se das sábias palavras do professor Celso Luft, que abominava, e com razão, o famigerado **a nível de**: "Eu não uso; mas, e os outros com isso?".

Só podemos exigir **fazer que** quando a expressão tiver o conhecido significado de "fingir": "Na escola moderna, o professor **faz que** ensina, enquanto o aluno **faz que** aprende". No sentido de "causar, ocasionar", no entanto, a escolha é totalmente livre; tanto se escreve "isso **fará que** ele aprenda" quanto "isso **fará com que** ele aprenda". Acho precipitado você chamar de "muleta" uma prática que vem acompanhando o Português desde que ele começou a ser escrito. Para exemplo (e para nosso divertimento), vou relacionar algumas passagens colhidas na literatura:

Na sua *História da Província de Santa Cruz* (1576), escreve Pero de Magalhães Gandavo: "Mas porque a mãe sabe o fim que hão de dar a esta criança, muitas vezes, quando se sente prenhe, mata-a dentro da barriga e **faz com que** não venha à luz".

No *Tácito Português*, de Francisco Manuel de Melo (1608-1666), vamos encontrar: "A pouca introdução que nos negócios permitia ao duque de Barcelos o duque seu pai **fez com que** ambos vivessem desconfiados".

Machado de Assis emprega regularmente a preposição: "...o remorso de não haver sufocado aquele grito de seu coração **fez com que** Estêvão, quase no mesmo instante, murmurasse..." (***A Mão e a Luva***). "Um anônimo ou anônima que passe na esquina da rua **faz com que** metamos Sírius dentro de Marte" (***D. Casmurro***). Ou ainda: "Até aí os conselhos; mas um pouco de glória **fez com que** Paulo cantarolasse entre os dentes, baixinho, para si, a primeira estrofe da Marselhesa". Mais adiante: "... a certeza de que podia acender-lhes novamente os ódios **fazia com que** as opiniões de Pedro e de Paulo ficassem entre os seus amigos pessoais" (***Esaú e Jacó***). Nos seus contos, aqui e ali encontramos a bendita: "A desgraça porém que o perseguia **fez com que** o primeiro amigo tivesse de ir no dia seguinte a um casamento e o segundo a um baile". Outra: "A minha boa fortuna **fez com que** o senhor me avisasse a tempo...". E mais outra: "O caiporismo, que o perseguia, **fazia com que** as dezenove prosperassem, e a vigésima lhe estourasse nas mãos".

Camilo Castelo Branco usa e abusa: "...esta menina disse que o rapaz talvez se ofendesse, e **fez com que** ele ficasse sem os doze vinténs" (***Novelas do Minho***); "...porque entendo que é uma imprudência pôr-se em campo o Partido Realista, e isso só **fará com que** os Cabrais triunfem" (***Maria da Fonte***); "Disse que não tinha inclinação a viajar, e **fez com que** o pai inventasse desculpas que dispensassem a filha" (***O Romance de um Homem Rico***).

Eça de Queirós é outro a quem a expressão não desagrada: "Só a porção de Matéria que há no homem **faz com que** as mulheres se resignem à incorrigível porção de Ideal"; "Talvez o requinte em retardar, que **fazia com que** La Fontaine, dirigindo-se mesmo para a felicidade, tomasse sempre o caminho mais longo" (***Fradique Mendes***).

E mais: "...aquela alta superioridade que **fazia com que** madama Recamier se erguesse, ao cumprimentar" (***As Farpas***). E ainda: "Enfim, a moda é ter só uma mulher – e isto, mais do que tudo, **faz com que** os haréns do Cairo se vão transformando lentamente no nosso avaro e limitado casamento monógamo" (***O Egito***).

Como se pode ver, prezado Marcos, não podemos, eu e você, comparar-nos aos nomes que citei. Haveria muitos outros, mas achei que Machado e Eça já bastariam para mudar sua opinião. Você continua tendo o direito de preferir o **fazer que**, sem o **com** – acompanhado, aliás, por excelentes escritores –, mas não pode condenar aquilo que a tradição culta aprovou, ao longo dos séculos.

P.S.: Por falar nisso: eu só uso fazer **com que**.

muito provavelmente

Aprenda a diferença entre **provavelmente** e **muito provavelmente**.

*Prezado Professor, gostaria de saber se posso escrever, nos meus laudos médicos, algo como "As áreas descritas correspondem **mais provavelmente** a processo degenerativo benigno". É correto utilizar alguma dessas expressões: **mais provavelmente**, **mais provável**, **mais frequentemente** ou **mais frequente**?*

Silvio T. – Médico – São Paulo (SP)

Meu caro Sílvio, **mais** e **menos** são dois advérbios **intensificadores** que podem ser usados com **verbos** (trabalhou **mais**, trabalhou **menos**), com **adjetivos** (**mais** feliz, **menos** feliz) ou mesmo com **advérbios** (**mais** longe, **mais** raramente). Uma coisa pode ser **provável**, mas outra pode ser ainda **mais provável**; isso acontece **frequentemente**, mas pode acontecer **mais frequentemente** aos sábados.

Não sei exatamente a estrutura do parágrafo em que você pretende usar o **mais provavelmente**; lembro-lhe apenas que o **mais** deve ser usado quando queremos estabelecer uma relação de comparação entre **X** e **Y**: se duas coisas são prováveis, nada impede que uma seja **mais provável** que a outra. Se você quiser, no entanto, apenas intensificar o **provavelmente** numa única situação (isto é, sem outro polo de comparação), então o advérbio indicado para isso é **muito**. Dizer que "a doença se manifesta **provavelmente** por causa da exposição ao sol" é diferente de afirmar que "a doença se manifesta **muito provavelmente** por causa da exposição ao sol" – as probabilidades aumentaram. Se você escrever "As áreas descritas correspondem **muito provavelmente** a processo degenerativo benigno", está opinando que as chances de ser exatamente assim são muito grandes. Era isso o que você queria dizer no seu laudo?

P.S.: Agora, uma recomendação: quando um usuário treinado, como é o seu caso, sentir soar uma nota falsa ao optar por uma determinada expressão, deve seguir a sua intuição e **não usá-la**. É mais ou menos como, *mutatis mutandis*, a pessoa que evita um determinado alimento porque sente que ele vai lhe fazer mal. Se eu me submetesse a uma investigação médica, poderia um dia encontrar uma causa orgânica para a minha repugnância por manteiga; enquanto eu não faço isso, contudo, trato de me manter bem longe da bandida.

qual a conjunção adequada?

*Prof. Moreno, a professora perguntou qual seria a conjunção adequada para ligar as orações "Nada o impedia de sair" e "Preferiu ficar". A maioria escolheu "nada o impedia de sair, **mas** preferiu ficar". Ela disse que estava errado e que deveria ser "nada o impedia de sair, **portanto** preferiu ficar". Será que só a forma da professora está correta? Obrigada pela resposta.*

Laura R. – Fortaleza (CE)

Minha prezada Laura, quando coloco uma conjunção entre duas orações, estou tentando definir qual o **nexo** – dentro da minha óptica – que elas têm entre si. Dou-lhe um bom exemplo: compare "Ele foi eleito para a Academia; **portanto**, deve ser um bom escritor", com "Ele foi eleito para a Academia; **entretanto**, deve ser um bom escritor". Na primeira, está manifesta a ideia de que entrar para a Academia é um ponto positivo; na segunda, exatamente o contrário. Escolher **entretanto** ou **portanto** vai permitir que eu exprima diferentes relações entre as mesmas ideias. No caso da sua frase, eu – e a grande maioria dos leitores, como você mesma – optaria por uma conjunção adversativa (**mas**, **porém**...): "ele tinha tudo para sair, **mas** (ideia oposta) preferiu ficar". Já a sua professora optou pelo **portanto**, o que me sugere a seguinte leitura: discute-se por que ele ficou; alguém alega que "nada o **obrigou** a ficar; se ele quisesse, poderia ter saído; se ele ficou, é porque **preferiu** ficar". Na fala, haveria um deslizamento do **foco** da frase para o verbo **preferir**, acompanhado, inclusive, de uma mudança no tom de voz – similar àquele que usamos em "ele não derrubou **um livro**; ele derrubou **a estante toda**" (estamos opondo **livro** a **estante**), ou "ele não **derrubou** a estante; na verdade, ele **desmontou** a estante" (estamos opondo **derrubar** a **desmontar**).

Como você vê, ambas as conjunções podem entrar nesse mesmo lugar; a diferença é que 95% dos leitores optariam pela **adversativa**, enquanto 5% (dentro do contexto e com a intenção que descrevi) ficariam, como a professora, com a **conclusiva**. Talvez o contexto (o texto que vem antes e depois do trecho que você menciona) traga pistas importantes para resolver o problema. Assim, com o que você me deu, isso é tudo o que posso lhe dizer.

muito pouco

Um leitor do Acre está estudando para um concurso e ficou intrigado com a expressão **muito pouco.**

*Professor, como se explica o uso da expressão **muito pouco** numa frase como "falta **muito pouco** para eu ir embora"?*

José C. da Silva – Rio Branco (AC)

Prezado José, talvez você fique feliz em saber que sua dúvida é compartilhada por Suzana S., de Limeira (SP), e por Rogério L., de Porto Alegre (RS). Feliz também fico eu, que posso esclarecer a três leitores com uma só cajadada; basta que leiam com paciência o que passo a explicar.

Todos ouviram dizer que o **advérbio** é uma palavra invariável que serve para modificar um **verbo**, um **adjetivo** ou outro **advérbio**? Pois não é bem assim; essa afirmativa, presente na maioria dos livros didáticos, só serviu, até hoje, para confundir nosso aluno. O **advérbio** – o nome está dizendo – modifica mesmo é o **verbo**; aliás, é por detalhe que ele não se chama **adverbo**, como é no Francês (*adverbe*) ou no Inglês (*adverb*). O que acabo de dizer vale para todos os advérbios comuns – os de **modo**, os de **lugar**, os de **tempo**, etc. –, exceto o grupo especialíssimo dos advérbios de **intensidade**: **muito, pouco, mais, menos, bastante, assaz, demasiadamente, excessivamente**, etc. Estes (e só estes) podem também modificar **adjetivos** ou outros **advérbios**:

> Ele corre **muito** (modifica o verbo **correr**).
> Ele está **muito** feliz (modifica o adjetivo **feliz**).
> Ele mora **muito** longe (modifica o advérbio **longe**).

É muito comum, portanto, a construção [**muito** + **X**], onde "**X**" pode ser qualquer advérbio – inclusive alguns de intensidade. "Ele lê **mais** que o irmão" é diferente de "ele lê **muito mais** que o irmão"; da mesma forma, uma coisa é "comer **pouco**"; outra, é "comer **muito pouco**", que é uma forma intensificada de **pouco**, equivalendo ao superlativo "**pouquíssimo**". Nessa mesma posição, o advérbio **bem**, que funciona normalmente como advérbio de **modo**, pode também operar como advérbio de **intensidade**, como sinônimo de **muito**: "ele come **bem** pouco", "ele está **bem** feliz". Espero ter sido bem claro.

embora

Em "vamos embora", o que está fazendo esse **embora** junto ao verbo? O Professor explica.

Na expressão "ir embora", qual é a classificação da palavra embora? Ela faz parte do verbo? É um advérbio? É uma partícula sem classificação? Funciona como preposição? Ou...?

Paula G. M. – Natal (RN)

Prezada Paula, a palavra **embora** é um **advérbio** formado, historicamente, pela aglutinação dos vocábulos que compõem o **adjunto adverbial** "em boa hora". No ***Aurélio***, vem um feliz exemplo do Gil Vicente, do *Auto de Mofina Mendes*, onde isso fica bem claro:

> Paio Vaz, se queres gado,
> dá ó demo essa pastora:
> paga-lho seu, vá-se **embora**
> ou **má hora,** e põe o teu em recado.

É evidente que hoje ninguém mais enxerga no **embora** essa ideia de "em boa hora"; no entanto, não concordo com o ***Aurélio*** quando diz que, em "vamos embora", **embora** é uma partícula desprovida de significado; prefiro seguir o ***Houaiss***, para quem ele continua sendo o mesmo **advérbio**, com outro valor semântico; no mesmo sentido, o dicionário da Academia de Ciências de Lisboa considera habitual o emprego deste **advérbio** "com verbos de movimento, para indicar afastamento de um lugar".

solução de continuidade

O Professor explica o que significa essa expressão e recomenda que ela **não** mais seja empregada.

*Prezado Prof. Moreno, tenho uma grande dúvida de sintaxe: qual o significado e como empregar a expressão **solução de continuidade**? O **Aurélio** fala em **separação**, mas não exemplifica! Desde já agradeço a atenção dispensada.*

Tatiana M. – Blumenau (SC)

Minha cara Tatiana, não se trata de **sintaxe**, mas do significado de uma expressão – o que fica no âmbito da **semântica**. **Solução de continuidade** significa "interrupção", isto é, a continuidade foi "**dissolvida**" (este é o sentido aqui de **solução**; não se trata da **solução** que vem do verbo **resolver**, que você vai encontrar na "solução de um problema"). Por exemplo, é indispensável criar escolas de emergência na região assolada pelas enchentes, para que a educação das crianças não sofra **solução de continuidade**, isto é, não seja interrompida. Esta é uma daquelas expressões que, a meu ver, tornaram-se completamente inúteis, na medida em que as pessoas as entendem das mais diferentes maneiras.

há cerca de

> Se dói quando corrigem um erro nosso, dói mais ainda quando tacham injustamente de erro uma forma que estamos usando corretamente. Uma leitora sofre na carne essa injustiça ao empregar **há cerca**.

*Fui alvo de gozação por ter escrito a seguinte frase: "Ele mora lá **há cerca** de 30 anos". Disseram que **cerca** era sinônimo de algo cercado e que "**há cerca**" não existia. Aconselharam-me até a comprar um dicionário ou gramática. Apesar de ter certeza de que esta forma é certa, não consegui dar uma explicação gramatical que fosse convincente o bastante para dissipar qualquer dúvida sobre a controvérsia. Por isso, venho pedir a ajuda do Professor Moreno.*

Kecia V.

Minha cara Kecia, como se costuma dizer, você está coberta de razão. Só não entendi em que meio você se move: quem, no seu são juízo, pode afirmar que **há cerca** não existe? Essas pessoas que zombaram de você já frequentaram colégio?

Vamos por partes. (1) Qualquer pessoa alfabetizada sabe que podemos usar **haver** para indicar tempo decorrido: **há** (=faz) **dez dias**, **havia** (=fazia) **dois anos**, etc. Espero que até aqui todos os seus amigos concordem e não comecem suas zombarias. (2) O advérbio **cerca** é um sinônimo mais ou menos culto para **aproximadamente, mais ou menos**: "**Cerca** de duas mil pessoas estiveram no enterro". Até aqui, também, espero que não haja dúvidas. (3) Pergunto: todos aí aceitam "cheguei aqui **há aproximadamente** três horas"? Mais uma vez, espero que sim; esta expressão faz parte do Português básico. Ora, muito bem; chegamos ao final da lição: substituam **aproximadamente** por seus sinônimos, e vamos ter "cheguei aqui **há mais ou menos** três horas" e – adivinhem! – "cheguei aqui **há cerca** de três horas". Pronto, Kecia. Aqui você tem a justificativa gramatical de que necessitava; só me indigno com a inversão de valores: a pessoa que escreve certo é que tem de dar explicações aos demais, a eles que – esses sim! – deviam se aproximar um pouco mais das gramáticas e do nosso querido amansa-burro.

Curtas

há mais de dez anos

> Elenice Ferro quer saber se o correto seria escrever "...atuando **a** mais de 10 anos em organizações de grande porte" ou "... atuando **há** mais de 10 anos em organizações de grande porte".

Minha cara Elenice, trata-se aqui de indicar **tempo já decorrido**; neste caso, o verbo usado para isso sempre foi o verbo haver. Você deve, portanto, escrever "atuando **há** mais de 10 anos...".

há dois anos

> Tiago C., mecânico de Santo André (SP), quer saber como deve escrever: "Sou pai **a** ou **há** dois anos".

Prezado Tiago, você deve escrever "Sou pai **há** dois

anos". Aqui não se trata da preposição **a**, mas do verbo **haver**, usado como um substituto para **fazer**: "**Faz** dois anos que eu sou pai". Ia ser diferente se fosse no futuro: "Vou ser pai daqui **a** dois meses".

há mais ou menos

> Gilson P., de Macaé (RJ), quer saber se está correta a frase "Sou da Bahia, mas estou vivendo aqui no Rio de Janeiro **a** mais ou menos 26 anos". Ou seria "**há** mais ou menos"?

Meu caro Gilson, "Vivo no Rio **há** mais ou menos vinte anos". É tempo decorrido, é verbo **haver**; em outras palavras, "**Faz** mais ou menos 26 anos que estou vivendo no Rio".

há tempos

> Maria do Carmo, de Marília (SP), estranha a forma **há** usada no lema de uma empresa de transporte urbano de sua cidade: "**Há** tempos circulando com você".

Prezada Maria do Carmo, a frase está correta; o verbo **haver** aqui está sendo usado para indicar **tempo decorrido**. É o mesmo caso de frases como "**Há** dez anos", "Isso aconteceu **há** dois minutos", "Eu não o vejo **há** semanas".

a dois mil metros

> Telmo D. pergunta qual a expressão correta: "estou **há** dois mil metros de altura" ou "estou **a** dois mil metros"?

Caro Telmo, o verbo **haver** é empregado para indicar **tempo passado**, da mesma forma que **fazer**:

"estamos **há** dois anos da virada do milênio" é o mesmo que "faz dois anos que entramos no novo milênio" (isto é, já se passaram dois anos). Não é disso que estamos falando na frase que você mandou, pois ela fala de **distância**; o correto é mesmo "estou **a** dois mil metros de altura".

há ou a?

Amauri C., de Uberlândia (MG), gostaria de saber se deve usar **a** ou **há** em várias frases que caíram numa prova de concurso:

(a) Estive em Belo Horizonte ___ quinze dias atrás.

(b) ___ dois dias que estou tentando telefonar.

(c) Os documentos foram enviados ___ mais de uma semana.

(d) Estamos ___ três meses do nascimento e ele ainda não foi ao cartório para registrar o filho.

Prezado Amauri, você deve completar todas as lacunas com **há**, do verbo **haver**, pois todas elas tratam de **tempo decorrido**. A última é um pouco mais ardilosa, mas a referência ao cartório deixa claro que já faz três meses que o bebê nasceu.

Sobre o autor

Cláudio Primo Alves Moreno nasceu em Rio Grande, RS, em 1946, filho de Joaquim Alves Moreno e Anália Primo Alves Moreno. É casado e pai de sete filhos. É membro da Academia Rio-Grandense de Letras e da Academia Brasileira de Filologia.

Fez sua formação básica no Colégio de Aplicação da UFRGS. Na mesma Universidade, licenciou-se em Letras em 1969, com habilitação de Língua Portuguesa, Literaturas de Língua Portuguesa, Língua e Literatura Grega. Em 1977, concluiu o Curso de Mestrado em Língua Portuguesa da UFRGS, com a dissertação "Os diminutivos em –inho e –zinho e a delimitação do vocábulo nominal no Português", sob a orientação de Albio de Bem Veiga. Em 1997, obteve o título de Doutor em Letras pela PUCRS, com a tese "Morfologia Nominal do Português", sob orientação de Leda Bisol. Do jardim-de-infância à universidade, estudou toda sua vida em escolas públicas e gratuitas, razão pela qual, sentindo-se em dívida para com aqueles que indiretamente custearam sua educação, resolveu, como uma pequena retribuição por aquilo que recebeu, criar e manter o site Sua Língua, dedicado a questões de nosso idioma (www.sualingua.com.br).

Em Porto Alegre, lecionou no Colégio Israelita Brasileiro, no Instituto João XXIII e no Colégio Anchieta e supervisionou a criação do Colégio Leonardo da Vinci. Ingressou como docente no Departamento de Letras Clássicas e Vernáculas do Instituto de Letras da

UFRGS em 1972, aposentando-se em 1996. Na UFRGS, foi responsável por várias disciplinas nos cursos de Licenciatura de Letras e Comunicação, assim como pela disciplina de Redação de Tese dos cursos de pós-graduação de Medicina. Na PUCRS, ministrou aulas de Língua Portuguesa no curso de Ciências Jurídicas e Sociais. Na Universidade Estácio de Sá, do Rio de Janeiro, lecionou no programa de Teleaulas de Língua Portuguesa.

Na imprensa, assinou uma coluna mensal sobre etimologia na revista *Mundo Estranho*, da Abril, e escreve regularmente no jornal *Zero Hora*, de Porto Alegre, onde publica quinzenalmente, há duas décadas, uma seção sobre etimologia, filologia e questões de linguagem.

Publicou, em coautoria, livros sobre a área da redação – *Redação técnica* (Formação), *Curso básico de redação* (Ática) e *Português para convencer* (Ática). Sobre gramática, publicou o *Guia prático do Português correto* pela L&PM, em quatro volumes: *Ortografia* (2003), *Morfologia* (2004), *Sintaxe* (2005) e *Pontuação* (2010). Pela mesma editora, lançou *O prazer das palavras* – v. 1 (2007), v. 2 (2008) e v. 3 (2013) – com artigos sobre etimologia e curiosidades da língua portuguesa. Além disso, é o autor do romance *A guerra de Troia* (lançado em 2004 como *Troia*) e de três livros de crônicas sobre a cultura do Mundo Clássico: *Um rio que vem da Grécia*, em 2004; *100 lições para viver melhor*, em 2008 (Prêmio Açorianos 2009); e *Noites gregas*, em 2015 (Prêmio AGE 2016), todos pela L&PM Editores.

Contato: cmoreno.br@gmail.com

Coleção L&PM POCKET (Lançamentos mais recentes)

698. **Dez (quase) amores** – Claudia Tajes
699. **Poirot sempre espera** – Agatha Christie
701. **Apologia de Sócrates** *precedido de* **Êutifron e** *seguido de* **Críton** – Platão
702. **Wood & Stock** – Angeli
703. **Striptiras (3)** – Laerte
704. **Discurso sobre a origem e os fundamentos da desigualdade entre os homens** – Rousseau
705. **Os duelistas** – Joseph Conrad
706. **Dilbert (2)** – Scott Adams
707. **Viver e escrever** (vol. 1) – Edla van Steen
708. **Viver e escrever** (vol. 2) – Edla van Steen
709. **Viver e escrever** (vol. 3) – Edla van Steen
710. **A teia da aranha** – Agatha Christie
711. **O banquete** – Platão
712. **Os belos e malditos** – F. Scott Fitzgerald
713. **Libelo contra a arte moderna** – Salvador Dalí
714. **Akropolis** – Valerio Massimo Manfredi
715. **Devoradores de mortos** – Michael Crichton
716. **Sob o sol da Toscana** – Frances Mayes
717. **Batom na cueca** – Nani
718. **Vida dura** – Claudia Tajes
719. **Carne trêmula** – Ruth Rendell
720. **Cris, a fera** – David Coimbra
721. **O anticristo** – Nietzsche
722. **Como um romance** – Daniel Pennac
723. **Emboscada no Forte Bragg** – Tom Wolfe
724. **Assédio sexual** – Michael Crichton
725. **O espírito do Zen** – Alan W. Watts
726. **Um bonde chamado desejo** – Tennessee Williams
727. **Como gostais** *seguido de* **Conto de inverno** – Shakespeare
728. **Tratado sobre a tolerância** – Voltaire
729. **Snoopy: Doces ou travessuras? (7)** – Charles Schulz
730. **Cardápios do Anonymus Gourmet** – J.A. Pinheiro Machado
731. **100 receitas com lata** – J.A. Pinheiro Machado
732. **Conhece o Mário?** vol.2 – Santiago
733. **Dilbert (3)** – Scott Adams
734. **História de um louco amor** *seguido de* **Passado amor** – Horacio Quiroga
735. (11). **Sexo: muito prazer** – Laura Meyer da Silva
736. (12). **Para entender o adolescente** – Dr. Ronald Pagnoncelli
737. (13). **Desembarcando a tristeza** – Dr. Fernando Lucchese
738. **Poirot e o mistério da arca espanhola & outras histórias** – Agatha Christie
739. **A última legião** – Valerio Massimo Manfredi
741. **Sol nascente** – Michael Crichton
742. **Duzentos ladrões** – Dalton Trevisan
743. **Os devaneios do caminhante solitário** – Rousseau
744. **Garfield, o rei da preguiça (10)** – Jim Davis
745. **Os magnatas** – Charles R. Morris
746. **Pulp** – Charles Bukowski
747. **Enquanto agonizo** – William Faulkner
748. **Aline: viciada em sexo (3)** – Adão Iturrusgarai
749. **A dama do cachorrinho** – Anton Tchékhov
750. **Tito Andrônico** – Shakespeare
751. **Antologia poética** – Anna Akhmátova
752. **O melhor de Hagar 6** – Dik e Chris Browne
753. (12). **Michelangelo** – Nadine Sautel
754. **Dilbert (4)** – Scott Adams
755. **O jardim das cerejeiras** *seguido de* **Tio Vânia** – Tchékhov
756. **Geração Beat** – Claudio Willer
757. **Santos Dumont** – Alcy Cheuiche
758. **Budismo** – Claude B. Levenson
759. **Cleópatra** – Christian-Georges Schwentzel
760. **Revolução Francesa** – Frédéric Bluche, Stéphane Rials e Jean Tulard
761. **A crise de 1929** – Bernard Gazier
762. **Sigmund Freud** – Edson Sousa e Paulo Endo
763. **Império Romano** – Patrick Le Roux
764. **Cruzadas** – Cécile Morrisson
765. **O mistério do Trem Azul** – Agatha Christie
768. **Senso comum** – Thomas Paine
769. **O parque dos dinossauros** – Michael Crichton
770. **Trilogia da paixão** – Goethe
773. **Snoopy: No mundo da lua! (8)** – Charles Schulz
774. **Os Quatro Grandes** – Agatha Christie
775. **Um brinde de cianureto** – Agatha Christie
776. **Súplicas atendidas** – Truman Capote
779. **A viúva imortal** – Millôr Fernandes
780. **Cabala** – Roland Goetschel
781. **Capitalismo** – Claude Jessua
782. **Mitologia grega** – Pierre Grimal
783. **Economia: 100 palavras-chave** – Jean-Paul Betbèze
784. **Marxismo** – Henri Lefebvre
785. **Punição para a inocência** – Agatha Christie
786. **A extravagância do morto** – Agatha Christie
787. (13). **Cézanne** – Bernard Fauconnier
788. **A identidade Bourne** – Robert Ludlum
789. **Da tranquilidade da alma** – Sêneca
790. **Um artista da fome** *seguido de* **Na colônia penal e outras histórias** – Kafka
791. **Histórias de fantasmas** – Charles Dickens
796. **O Uraguai** – Basílio da Gama
797. **A mão misteriosa** – Agatha Christie
798. **Testemunha ocular do crime** – Agatha Christie
799. **Crepúsculo dos ídolos** – Friedrich Nietzsche
802. **O grande golpe** – Dashiell Hammett
803. **Humor barra pesada** – Nani
804. **Vinho** – Jean-François Gautier
805. **Egito Antigo** – Sophie Desplancques
806. (14). **Baudelaire** – Jean-Baptiste Baronian
807. **Caminho da sabedoria, caminho da paz** – Dalai Lama e Felizitas von Schönborn
808. **Senhor e servo e outras histórias** – Tolstói

809. **Os cadernos de Malte Laurids Brigge** – Rilke
810. **Dilbert (5)** – Scott Adams
811. **Big Sur** – Jack Kerouac
812. **Seguindo a correnteza** – Agatha Christie
813. **O álibi** – Sandra Brown
814. **Montanha-russa** – Martha Medeiros
815. **Coisas da vida** – Martha Medeiros
816. **A cantada infalível** *seguido de* **A mulher do centroavante** – David Coimbra
819. **Snoopy: Pausa para a soneca (9)** – Charles Schulz
820. **De pernas pro ar** – Eduardo Galeano
821. **Tragédias gregas** – Pascal Thiercy
822. **Existencialismo** – Jacques Colette
823. **Nietzsche** – Jean Granier
824. **Amar ou depender?** – Walter Riso
825. **Darmapada: A doutrina budista em versos**
826. **J'Accuse...!** – **a verdade em marcha** – Zola
827. **Os crimes ABC** – Agatha Christie
828. **Um gato entre os pombos** – Agatha Christie
831. **Dicionário de teatro** – Luiz Paulo Vasconcellos
832. **Cartas extraviadas** – Martha Medeiros
833. **A longa viagem de prazer** – J. J. Morosoli
834. **Receitas fáceis** – J. A. Pinheiro Machado
835. (14).**Mais fatos & mitos** – Dr. Fernando Lucchese
836. (15).**Boa viagem!** – Dr. Fernando Lucchese
837. **Aline: Finalmente nua!!!** (4) – Adão Iturrusgarai
838. **Mônica tem uma novidade!** – Mauricio de Sousa
839. **Cebolinha em apuros!** – Mauricio de Sousa
840. **Sócios no crime** – Agatha Christie
841. **Bocas do tempo** – Eduardo Galeano
842. **Orgulho e preconceito** – Jane Austen
843. **Impressionismo** – Dominique Lobstein
844. **Escrita chinesa** – Viviane Alleton
845. **Paris: uma história** – Yvan Combeau
846. (15).**Van Gogh** – David Haziot
848. **Portal do destino** – Agatha Christie
849. **O futuro de uma ilusão** – Freud
850. **O mal-estar na cultura** – Freud
853. **Um crime adormecido** – Agatha Christie
854. **Satori em Paris** – Jack Kerouac
855. **Medo e delírio em Las Vegas** – Hunter Thompson
856. **Um negócio fracassado e outros contos de humor** – Tchékhov
857. **Mônica está de férias!** – Mauricio de Sousa
858. **De quem é esse coelho?** – Mauricio de Sousa
860. **O mistério Sittaford** – Agatha Christie
861. **Manhã transfigurada** – L. A. de Assis Brasil
862. **Alexandre, o Grande** – Pierre Briant
863. **Jesus** – Charles Perrot
864. **Islã** – Paul Balta
865. **Guerra da Secessão** – Farid Ameur
866. **Um rio que vem da Grécia** – Cláudio Moreno
868. **Assassinato na casa do pastor** – Agatha Christie
869. **Manual do líder** – Napoleão Bonaparte
870. (16).**Billie Holiday** – Sylvia Fol
871. **Bidu arrasando!** – Mauricio de Sousa
872. **Os Sousa: Desventuras em família** – Mauricio de Sousa
874. **E no final a morte** – Agatha Christie
875. **Guia prático do Português correto – vol. 4** – Cláudio Moreno
876. **Dilbert (6)** – Scott Adams
877. (17).**Leonardo da Vinci** – Sophie Chauveau
878. **Bella Toscana** – Frances Mayes
879. **A arte da ficção** – David Lodge
880. **Striptiras (4)** – Laerte
881. **Skrotinhos** – Angeli
882. **Depois do funeral** – Agatha Christie
883. **Radicci 7** – Iotti
884. **Walden** – H. D. Thoreau
885. **Lincoln** – Allen C. Guelzo
886. **Primeira Guerra Mundial** – Michael Howard
887. **A linha de sombra** – Joseph Conrad
888. **O amor é um cão dos diabos** – Bukowski
890. **Despertar: uma vida de Buda** – Jack Kerouac
891. (18).**Albert Einstein** – Laurent Seksik
892. **Hell's Angels** – Hunter Thompson
893. **Ausência na primavera** – Agatha Christie
894. **Dilbert (7)** – Scott Adams
895. **Ao sul de lugar nenhum** – Bukowski
896. **Maquiavel** – Quentin Skinner
897. **Sócrates** – C.C.W. Taylor
899. **O Natal de Poirot** – Agatha Christie
900. **As veias abertas da América Latina** – Eduardo Galeano
901. **Snoopy: Sempre alerta! (10)** – Charles Schulz
902. **Chico Bento: Plantando confusão** – Mauricio de Sousa
903. **Penadinho: Quem é morto sempre aparece** – Mauricio de Sousa
904. **A vida sexual da mulher feia** – Claudia Tajes
905. **100 segredos de liquidificador** – José Antonio Pinheiro Machado
906. **Sexo muito prazer 2** – Laura Meyer da Silva
907. **Os nascimentos** – Eduardo Galeano
908. **As caras e as máscaras** – Eduardo Galeano
909. **O século do vento** – Eduardo Galeano
910. **Poirot perde uma cliente** – Agatha Christie
911. **Cérebro** – Michael O'Shea
912. **O escaravelho de ouro e outras histórias** – Edgar Allan Poe
913. **Piadas para sempre (4)** – Visconde da Casa Verde
914. **100 receitas de massas light** – Helena Tonetto
915. (19).**Oscar Wilde** – Daniel Salvatore Schiffer
916. **Uma breve história do mundo** – H. G. Wells
917. **A Casa do Penhasco** – Agatha Christie
919. **John M. Keynes** – Bernard Gazier
920. (20).**Virginia Woolf** – Alexandra Lemasson
921. **Peter e Wendy** *seguido de* **Peter Pan em Kensington Gardens** – J. M. Barrie
922. **Aline: numas de colegial (5)** – Adão Iturrusgarai
923. **Uma dose mortal** – Agatha Christie
924. **Os trabalhos de Hércules** – Agatha Christie
926. **Kant** – Roger Scruton
927. **A inocência do Padre Brown** – G.K. Chesterton
928. **Casa Velha** – Machado de Assis

929. **Marcas de nascença** – Nancy Huston
930. **Aulete de bolso**
931. **Hora Zero** – Agatha Christie
932. **Morte na Mesopotâmia** – Agatha Christie
934. **Nem te conto, João** – Dalton Trevisan
935. **As aventuras de Huckleberry Finn** – Mark Twain
936(21). **Marilyn Monroe** – Anne Plantagenet
937. **China moderna** – Rana Mitter
938. **Dinossauros** – David Norman
939. **Louca por homem** – Claudia Tajes
940. **Amores de alto risco** – Walter Riso
941. **Jogo de damas** – David Coimbra
942. **Filha é filha** – Agatha Christie
943. **M ou N?** – Agatha Christie
945. **Bidu: diversão em dobro!** – Mauricio de Sousa
946. **Fogo** – Anaïs Nin
947. **Rum: diário de um jornalista bêbado** – Hunter Thompson
948. **Persuasão** – Jane Austen
949. **Lágrimas na chuva** – Sergio Faraco
950. **Mulheres** – Bukowski
951. **Um pressentimento funesto** – Agatha Christie
952. **Cartas na mesa** – Agatha Christie
954. **O lobo do mar** – Jack London
955. **Os gatos** – Patricia Highsmith
956(22). **Jesus** – Christiane Rancé
957. **História da medicina** – William Bynum
958. **O Morro dos Ventos Uivantes** – Emily Brontë
959. **A filosofia na era trágica dos gregos** – Nietzsche
960. **Os treze problemas** – Agatha Christie
961. **A massagista japonesa** – Moacyr Scliar
963. **Humor do miserê** – Nani
964. **Todo o mundo tem dúvida, inclusive você** – Édison de Oliveira
965. **A dama do Bar Nevada** – Sergio Faraco
969. **O psicopata americano** – Bret Easton Ellis
970. **Ensaios de amor** – Alain de Botton
971. **O grande Gatsby** – F. Scott Fitzgerald
972. **Por que não sou cristão** – Bertrand Russell
973. **A Casa Torta** – Agatha Christie
974. **Encontro com a morte** – Agatha Christie
975(23). **Rimbaud** – Jean-Baptiste Baronian
976. **Cartas na rua** – Bukowski
977. **Memória** – Jonathan K. Foster
978. **A abadia de Northanger** – Jane Austen
979. **As pernas de Úrsula** – Claudia Tajes
980. **Retrato inacabado** – Agatha Christie
981. **Solanin (1)** – Inio Asano
982. **Solanin (2)** – Inio Asano
983. **Aventuras de menino** – Mitsuru Adachi
984(16). **Fatos & mitos sobre sua alimentação** – Dr. Fernando Lucchese
985. **Teoria quântica** – John Polkinghorne
986. **O eterno marido** – Fiódor Dostoiévski
987. **Um safado em Dublin** – J. P. Donleavy
988. **Mirinha** – Dalton Trevisan
989. **Akhenaton e Nefertiti** – Carmen Seganfredo e A. S. Franchini
990. **On the Road – o manuscrito original** – Jac Kerouac
991. **Relatividade** – Russell Stannard
992. **Abaixo de zero** – Bret Easton Ellis
993(24). **Andy Warhol** – Mériam Korichi
995. **Os últimos casos de Miss Marple** – Agath Christie
996. **Nico Demo: Aí vem encrenca** – Mauricio de Sous
998. **Rousseau** – Robert Wokler
999. **Noite sem fim** – Agatha Christie
1000. **Diários de Andy Warhol (1)** – Editado po Pat Hackett
1001. **Diários de Andy Warhol (2)** – Editado po Pat Hackett
1002. **Cartier-Bresson: o olhar do século** – Pierr Assouline
1003. **As melhores histórias da mitologia: vol. 1** A.S. Franchini e Carmen Seganfredo
1004. **As melhores histórias da mitologia: vol. 2** A.S. Franchini e Carmen Seganfredo
1005. **Assassinato no beco** – Agatha Christie
1006. **Convite para um homicídio** – Agatha Christi
1008. **História da vida** – Michael J. Benton
1009. **Jung** – Anthony Stevens
1010. **Arsène Lupin, ladrão de casaca** – Mauric Leblanc
1011. **Dublinenses** – James Joyce
1012. **120 tirinhas da Turma da Mônica** – Mauric de Sousa
1013. **Antologia poética** – Fernando Pessoa
1014. **A aventura de um cliente ilustre** *seguido d* **O último adeus de Sherlock Holmes** – S Arthur Conan Doyle
1015. **Cenas de Nova York** – Jack Kerouac
1016. **A corista** – Anton Tchékhov
1017. **O diabo** – Leon Tolstói
1018. **Fábulas chinesas** – Sérgio Capparelli Márcia Schmaltz
1019. **O gato do Brasil** – Sir Arthur Conan Doyle
1020. **Missa do Galo** – Machado de Assis
1021. **O mistério de Marie Rogêt** – Edgar Allan Po
1022. **A mulher mais linda da cidade** – Bukowsk
1023. **O retrato** – Nicolai Gogol
1024. **O conflito** – Nicolai Gogol
1025. **Os primeiros casos de Poirot** – Agatha Christi
1027(25). **Beethoven** – Bernard Fauconnier
1028. **Platão** – Julia Annas
1029. **Cleo e Daniel** – Roberto Freire
1030. **Til** – José de Alencar
1031. **Viagens na minha terra** – Almeida Garrett
1032. **Profissões para mulheres e outros artigo feministas** – Virginia Woolf
1033. **Mrs. Dalloway** – Virginia Woolf
1034. **O cão da morte** – Agatha Christie
1035. **Tragédia em três atos** – Agatha Christie
1037. **O fantasma da Ópera** – Gaston Leroux
1038. **Evolução** – Brian e Deborah Charlesworth
1039. **Medida por medida** – Shakespeare
1040. **Razão e sentimento** – Jane Austen

041. **A obra-prima ignorada** *seguido de* **Um episódio durante o Terror** – Balzac
042. **A fugitiva** – Anaïs Nin
043. **As grandes histórias da mitologia greco-romana** – A. S. Franchini
044. **O corno de si mesmo & outras historietas** – Marquês de Sade
045. **Da felicidade** *seguido de* **Da vida retirada** – Sêneca
046. **O horror em Red Hook e outras histórias** – H. P. Lovecraft
047. **Noite em claro** – Martha Medeiros
048. **Poemas clássicos chineses** – Li Bai, Du Fu e Wang Wei
049. **A terceira moça** – Agatha Christie
050. **Um destino ignorado** – Agatha Christie
051.(26). **Buda** – Sophie Royer
052. **Guerra Fria** – Robert J. McMahon
053. **Simons's Cat: as aventuras de um gato travesso e comilão – vol. 1** – Simon Tofield
054. **Simons's Cat: as aventuras de um gato travesso e comilão – vol. 2** – Simon Tofield
055. **Só as mulheres e as baratas sobreviverão** – Claudia Tajes
057. **Pré-história** – Chris Gosden
058. **Pintou sujeira!** – Mauricio de Sousa
059. **Contos de Mamãe Gansa** – Charles Perrault
060. **A interpretação dos sonhos: vol. 1** – Freud
061. **A interpretação dos sonhos: vol. 2** – Freud
062. **Frufru Rataplã Dolores** – Dalton Trevisan
063. **As melhores histórias da mitologia egípcia** – Carmem Seganfredo e A.S. Franchini
064. **Infância. Adolescência. Juventude** – Tolstói
065. **As consolações da filosofia** – Alain de Botton
066. **Diários de Jack Kerouac – 1947-1954**
067. **Revolução Francesa – vol. 1** – Max Gallo
068. **Revolução Francesa – vol. 2** – Max Gallo
069. **O detetive Parker Pyne** – Agatha Christie
070. **Memórias do esquecimento** – Flávio Tavares
071. **Drogas** – Leslie Iversen
072. **Manual de ecologia (vol.2)** – J. Lutzenberger
073. **Como andar no labirinto** – Affonso Romano de Sant'Anna
074. **A orquídea e o serial killer** – Juremir Machado da Silva
075. **Amor nos tempos de fúria** – Lawrence Ferlinghetti
076. **A aventura do pudim de Natal** – Agatha Christie
078. **Amores que matam** – Patricia Faur
079. **Histórias de pescador** – Mauricio de Sousa
080. **Pedaços de um caderno manchado de vinho** – Bukowski
081. **A ferro e fogo: tempo de solidão (vol.1)** – Josué Guimarães
082. **A ferro e fogo: tempo de guerra (vol.2)** – Josué Guimarães
084.(17). **Desembarcando o Alzheimer** – Dr. Fernando Lucchese e Dra. Ana Hartmann
085. **A maldição do espelho** – Agatha Christie
1086. **Uma breve história da filosofia** – Nigel Warburton
1088. **Heróis da História** – Will Durant
1089. **Concerto campestre** – L. A. de Assis Brasil
1090. **Morte nas nuvens** – Agatha Christie
1092. **Aventura em Bagdá** – Agatha Christie
1093. **O cavalo amarelo** – Agatha Christie
1094. **O método de interpretação dos sonhos** – Freud
1095. **Sonetos de amor e desamor** – Vários
1096. **120 tirinhas do Dilbert** – Scott Adams
1097. **200 fábulas de Esopo**
1098. **O curioso caso de Benjamin Button** – F. Scott Fitzgerald
1099. **Piadas para sempre: uma antologia para morrer de rir** – Visconde da Casa Verde
1100. **Hamlet (Mangá)** – Shakespeare
1101. **A arte da guerra (Mangá)** – Sun Tzu
1104. **As melhores histórias da Bíblia (vol.1)** – A. S. Franchini e Carmen Seganfredo
1105. **As melhores histórias da Bíblia (vol.2)** – A. S. Franchini e Carmen Seganfredo
1106. **Psicologia das massas e análise do eu** – Freud
1107. **Guerra Civil Espanhola** – Helen Graham
1108. **A autoestrada do sul e outras histórias** – Julio Cortázar
1109. **O mistério dos sete relógios** – Agatha Christie
1110. **Peanuts: Ninguém gosta de mim... (amor)** – Charles Schulz
1111. **Cadê o bolo?** – Mauricio de Sousa
1112. **O filósofo ignorante** – Voltaire
1113. **Totem e tabu** – Freud
1114. **Filosofia pré-socrática** – Catherine Osborne
1115. **Desejo de status** – Alain de Botton
1118. **Passageiro para Frankfurt** – Agatha Christie
1120. **Kill All Enemies** – Melvin Burgess
1121. **A morte da sra. McGinty** – Agatha Christie
1122. **Revolução Russa** – S. A. Smith
1123. **Até você, Capitu?** – Dalton Trevisan
1124. **O grande Gatsby (Mangá)** – F. S. Fitzgerald
1125. **Assim falou Zaratustra (Mangá)** – Nietzsche
1126. **Peanuts: É para isso que servem os amigos (amizade)** – Charles Schulz
1127.(27). **Nietzsche** – Dorian Astor
1128. **Bidu: Hora do banho** – Mauricio de Sousa
1129. **O melhor do Macanudo Taurino** – Santiago
1130. **Radicci 30 anos** – Iotti
1131. **Show de sabores** – J.A. Pinheiro Machado
1132. **O prazer das palavras – vol. 3** – Cláudio Moreno
1133. **Morte na praia** – Agatha Christie
1134. **O fardo** – Agatha Christie
1135. **Manifesto do Partido Comunista (Mangá)** – Marx & Engels
1136. **A metamorfose (Mangá)** – Franz Kafka
1137. **Por que você não se casou... ainda** – Tracy McMillan
1138. **Textos autobiográficos** – Bukowski
1139. **A importância de ser prudente** – Oscar Wilde
1140. **Sobre a vontade na natureza** – Arthur Schopenhauer
1141. **Dilbert (8)** – Scott Adams

1142. **Entre dois amores** – Agatha Christie
1143. **Cipreste triste** – Agatha Christie
1144. **Alguém viu uma assombração?** – Mauricio de Sousa
1145. **Mandela** – Elleke Boehmer
1146. **Retrato do artista quando jovem** – James Joyce
1147. **Zadig ou o destino** – Voltaire
1148. **O contrato social (Mangá)** – J.-J. Rousseau
1149. **Garfield fenomenal** – Jim Davis
1150. **A queda da América** – Allen Ginsberg
1151. **Música na noite & outros ensaios** – Aldous Huxley
1152. **Poesias inéditas & Poemas dramáticos** – Fernando Pessoa
1153. **Peanuts: Felicidade é...** – Charles M. Schulz
1154. **Mate-me por favor** – Legs McNeil e Gillian McCain
1155. **Assassinato no Expresso Oriente** – Agatha Christie
1156. **Um punhado de centeio** – Agatha Christie
1157. **A interpretação dos sonhos (Mangá)** – Freud
1158. **Peanuts: Você não entende o sentido da vida** – Charles M. Schulz
1159. **A dinastia Rothschild** – Herbert R. Lottman
1160. **A Mansão Hollow** – Agatha Christie
1161. **Nas montanhas da loucura** – H.P. Lovecraft
1162. (28). **Napoleão Bonaparte** – Pascale Fautrier
1163. **Um corpo na biblioteca** – Agatha Christie
1164. **Inovação** – Mark Dodgson e David Gann
1165. **O que toda mulher deve saber sobre os homens: a afetividade masculina** – Walter Riso
1166. **O amor está no ar** – Mauricio de Sousa
1167. **Testemunha de acusação & outras histórias** – Agatha Christie
1168. **Etiqueta de bolso** – Celia Ribeiro
1169. **Poesia reunida (volume 3)** – Affonso Romano de Sant'Anna
1170. **Emma** – Jane Austen
1171. **Que seja em segredo** – Ana Miranda
1172. **Garfield sem apetite** – Jim Davis
1173. **Garfield: Foi mal...** – Jim Davis
1174. **Os irmãos Karamázov (Mangá)** – Dostoiévski
1175. **O Pequeno Príncipe** – Antoine de Saint-Exupéry
1176. **Peanuts: Ninguém mais tem o espírito aventureiro** – Charles M. Schulz
1177. **Assim falou Zaratustra** – Nietzsche
1178. **Morte no Nilo** – Agatha Christie
1179. **Ê, soneca boa** – Mauricio de Sousa
1180. **Garfield a todo o vapor** – Jim Davis
1181. **Em busca do tempo perdido (Mangá)** – Proust
1182. **Cai o pano: o último caso de Poirot** – Agatha Christie
1183. **Livro para colorir e relaxar** – Livro 1
1184. **Para colorir sem parar**
1185. **Os elefantes não esquecem** – Agatha Christie
1186. **Teoria da relatividade** – Albert Einstein
1187. **Compêndio da psicanálise** – Freud
1188. **Visões de Gerard** – Jack Kerouac
1189. **Fim de verão** – Mohiro Kitoh
1190. **Procurando diversão** – Mauricio de Sousa
1191. **E não sobrou nenhum e outras peças** – Agatha Christie
1192. **Ansiedade** – Daniel Freeman & Jason Freeman
1193. **Garfield: pausa para o almoço** – Jim Davis
1194. **Contos do dia e da noite** – Guy de Maupassant
1195. **O melhor de Hagar 7** – Dik Browne
1196. (29). **Lou Andreas-Salomé** – Dorian Astor
1197. (30). **Pasolini** – René de Ceccatty
1198. **O caso do Hotel Bertram** – Agatha Christie
1199. **Crônicas de motel** – Sam Shepard
1200. **Pequena filosofia da paz interior** – Catherine Rambert
1201. **Os sertões** – Euclides da Cunha
1202. **Treze à mesa** – Agatha Christie
1203. **Bíblia** – John Riches
1204. **Anjos** – David Albert Jones
1205. **As tirinhas do Guri de Uruguaiana 1** – Jair Kobe
1206. **Entre aspas (vol.1)** – Fernando Eichenberg
1207. **Escrita** – Andrew Robinson
1208. **O spleen de Paris: pequenos poemas em prosa** – Charles Baudelaire
1209. **Satíricon** – Petrônio
1210. **O avarento** – Molière
1211. **Queimando na água, afogando-se na chama** – Bukowski
1212. **Miscelânea septuagenária: contos e poemas** – Bukowski
1213. **Que filosofar é aprender a morrer e outros ensaios** – Montaigne
1214. **Da amizade e outros ensaios** – Montaigne
1215. **O medo à espreita e outras histórias** – H.P. Lovecraft
1216. **A obra de arte na era de sua reprodutibilidade técnica** – Walter Benjamin
1217. **Sobre a liberdade** – John Stuart Mill
1218. **O segredo de Chimneys** – Agatha Christie
1219. **Morte na rua Hickory** – Agatha Christie
1220. **Ulisses (Mangá)** – James Joyce
1221. **Ateísmo** – Julian Baggini
1222. **Os melhores contos de Katherine Mansfield** – Katherine Mansfied
1223. (31). **Martin Luther King** – Alain Foix
1224. **Millôr Definitivo: uma antologia de *A Bíblia do Caos*** – Millôr Fernandes
1225. **O Clube das Terças-Feiras e outras histórias** – Agatha Christie
1226. **Por que sou tão sábio** – Nietzsche
1227. **Sobre a mentira** – Platão
1228. **Sobre a leitura *seguido do* Depoimento de Céleste Albaret** – Proust
1229. **O homem do terno marrom** – Agatha Christie
1230. (32). **Jimi Hendrix** – Franck Médioni
1231. **Amor e amizade e outras histórias** – Jane Austen
1232. **Lady Susan, Os Watson e Sanditon** – Jane Austen

233. **Uma breve história da ciência** – William Bynum
234. **Macunaíma: o herói sem nenhum caráter** – Mário de Andrade
235. **A máquina do tempo** – H.G. Wells
236. **O homem invisível** – H.G. Wells
237. **Os 36 estratagemas: manual secreto da arte da guerra** – Anônimo
238. **A mina de ouro e outras histórias** – Agatha Christie
239. **Pic** – Jack Kerouac
240. **O habitante da escuridão e outros contos** – H.P. Lovecraft
241. **O chamado de Cthulhu e outros contos** – H.P. Lovecraft
242. **O melhor de Meu reino por um cavalo!** – Edição de Ivan Pinheiro Machado
243. **A guerra dos mundos** – H.G. Wells
244. **O caso da criada perfeita e outras histórias** – Agatha Christie
245. **Morte por afogamento e outras histórias** – Agatha Christie
246. **Assassinato no Comitê Central** – Manuel Vázquez Montalbán
247. **O papai é pop** – Marcos Piangers
248. **O papai é pop 2** – Marcos Piangers
249. **A mamãe é rock** – Ana Cardoso
250. **Paris boêmia** – Dan Franck
251. **Paris libertária** – Dan Franck
252. **Paris ocupada** – Dan Franck
253. **Uma anedota infame** – Dostoiévski
254. **O último dia de um condenado** – Victor Hugo
255. **Nem só de caviar vive o homem** – J.M. Simmel
256. **Amanhã é outro dia** – J.M. Simmel
257. **Mulherzinhas** – Louisa May Alcott
258. **Reforma Protestante** – Peter Marshall
259. **História econômica global** – Robert C. Allen
260.(33). **Che Guevara** – Alain Foix
261. **Câncer** – Nicholas James
262. **Akhenaton** – Agatha Christie
263. **Aforismos para a sabedoria de vida** – Arthur Schopenhauer
264. **Uma história do mundo** – David Coimbra
265. **Ame e não sofra** – Walter Riso
266. **Desapegue-se!** – Walter Riso
267. **Os Sousa: uma família do barulho** – Mauricio de Sousa
268. **Nico Demo: O rei da travessura** – Mauricio de Sousa
269. **Testemunha de acusação e outras peças** – Agatha Christie
270.(34). **Dostoiévski** – Virgil Tanase
271. **O melhor de Hagar 8** – Dik Browne
272. **O melhor de Hagar 9** – Dik Browne
273. **O melhor de Hagar 10** – Dik e Chris Browne
274. **Considerações sobre o governo representativo** – John Stuart Mill
275. **O homem Moisés e a religião monoteísta** – Freud
276. **Inibição, sintoma e medo** – Freud
277. **Além do princípio de prazer** – Freud
278. **O direito de dizer não!** – Walter Riso
279. **A arte de ser flexível** – Walter Riso
280. **Casados e descasados** – August Strindberg
281. **Da Terra à Lua** – Júlio Verne
282. **Minhas galerias e meus pintores** – Kahnweiler
283. **A arte do romance** – Virginia Woolf
284. **Teatro completo v. 1: As aves da noite** seguido de **O visitante** – Hilda Hilst
285. **Teatro completo v. 2: O verdugo** seguido de **A morte do patriarca** – Hilda Hilst
286. **Teatro completo v. 3: O rato no muro** seguido de **Auto da barca de Camiri** – Hilda Hilst
287. **Teatro completo v. 4: A empresa** seguido de **O novo sistema** – Hilda Hilst
288. **Sapiens: Uma breve história da humanidade** – Yuval Noah Harari
289. **Fora de mim** – Martha Medeiros
290. **Divã** – Martha Medeiros
291. **Sobre a genealogia da moral: um escrito polêmico** – Nietzsche
292. **A consciência de Zeno** – Italo Svevo
293. **Células-tronco** – Jonathan Slack
294. **O fim do ciúme e outros contos** – Proust
295. **A jangada** – Júlio Verne
296. **A ilha do dr. Moreau** – H.G. Wells
297. **Ninho de fidalgos** – Ivan Turguêniev
298. **Jane Eyre** – Charlotte Brontë
299. **Sobre gatos** – Bukowski
300. **Sobre o amor** – Bukowski
301. **Escrever para não enlouquecer** – Bukowski
302. **222 receitas** – J. A. Pinheiro Machado
303. **Reinações de Narizinho** – Monteiro Lobato
304. **O Saci** – Monteiro Lobato
305. **Memórias da Emília** – Monteiro Lobato
306. **O Picapau Amarelo** – Monteiro Lobato
307. **A reforma da Natureza** – Monteiro Lobato
308. **Fábulas** seguido de **Histórias diversas** – Monteiro Lobato
309. **Aventuras de Hans Staden** – Monteiro Lobato
310. **Peter Pan** – Monteiro Lobato
311. **Dom Quixote das crianças** – Monteiro Lobato
312. **O Minotauro** – Monteiro Lobato
313. **Um quarto só seu** – Virginia Woolf
314. **Sonetos** – Shakespeare
315.(35). **Thoreau** – Marie Berthoumieu e Laura El Makki
316. **Teoria da arte** – Cynthia Freeland
317. **A arte da prudência** – Baltasar Gracián
318. **O louco** seguido de **Areia e espuma** – Khalil Gibran
319. **O profeta** seguido de **O jardim do profeta** – Khalil Gibran
320. **Jesus, o Filho do Homem** – Khalil Gibran
321. **A luta** – Norman Mailer
322. **Sobre o sofrimento do mundo e outros ensaios** – Schopenhauer

lepmeditores
www.lpm.com.br
o site que conta tudo

IMPRESSÃO:

PALLOTTI
GRÁFICA

Santa Maria - RS | Fone: (55) 3220.4500
www.graficapallotti.com.br